[os porquês da desordem mundial *mestres explicam a globalização*]

O descompasso entre as nações

[os porquês da desordem mundial
mestres explicam a globalização]

O nó econômico
O desastre social
O descompasso entre as nações
O desafio ambiental
Perspectivas

CIP-Brasil. Catalogação-na-fonte
Sindicato Nacional dos Editores de Livros, RJ.

V682d

Vizentini, Paulo Fagundes, 1955-
O descompasso entre as nações / Paulo Fagundes Vizentini; Emir Sader, organizador. – Rio de Janeiro: Record, 2004.
. – (Os porquês da desordem mundial. Mestres explicam a globalização)

Inclui bibliografia
ISBN 85-01-07124-2

1. Relações internacionais. 2. Globalização. 3. Estados Unidos – Relações internacionais. I. Sader, Emir, 1943- . II. Título. III. Série.

CDD – 327
04-1890 CDU – 327

[os porquês
da desordem mundial
mestres explicam a globalização]

Organização: Emir Sader

O descompasso entre as nações

Paulo Fagundes Vizentini

EDITORA RECORD
RIO DE JANEIRO • SÃO PAULO

2004

[os porquês da desordem mundial *mestres explicam a globalização*]

Organização: Emir Sader

O descompasso entre as nações

Paulo Fagundes Vizentini

Capa e projeto gráfico: Evelyn Grumach

Direitos exclusivos desta edição reservados pela
DISTRIBUIDORA RECORD DE SERVIÇOS DE IMPRENSA S.A.
Rua Argentina 171 – Rio de Janeiro, RJ – 20921-380 – Tel.: (21) 2585-2000

Impresso no Brasil

ISBN 85-01-07124-2

PEDIDOS PELO REEMBOLSO POSTAL
Caixa Postal 23.052
Rio de Janeiro, RJ – 20922-970

Aos alunos do novo curso de graduação em Relações Internacionais da UFRGS.

Agradeço ao CNPq, cuja Bolsa de Produtividade financiou a pesquisa em que este se baseia.

SUMÁRIO

[INTRODUÇÃO]

A globalização está produzindo uma crescente *assimetria e descompasso entre as nações*, como os analistas não cansam de repetir. Contudo não se trata de um fenômeno novo, e sim do aprofundamento de uma característica estrutural do moderno sistema mundial. A idéia de assimetria entre as nações ganha sentido quando passa a existir um sistema de relações permanente entre elas, a partir do século XV. É a economia-mundo, com a interação dialética entre a *lógica territorial nacional* e a *lógica internacional do capital*, que passa a existir, como nos mostra Giovanni Arrighi. O sistema mundial capitalista, ao integrar o planeta num único conjunto de relações, dá origem a um centro e a uma periferia, nos marcos do *desenvolvimento desigual e combinado.*

Durante o século XX, a assimetria tendeu a ser matizada pela Guerra Fria e pela noção de desenvolvimento, quando alguns países periféricos de relativo porte, tanto capitalistas como socialistas, lograram melhorar sua posição em relação aos mais desenvolvidos. O Terceiro Mundo chegou a articular a agenda da *Nova Ordem Econômica Internacional,* através do Movimento dos Países Não-Alinhados e da Assembléia Geral das Nações Unidas, com vistas a reduzir de forma sistemática a assimetria então existente. Mas no segundo semestre de 1989 ruíram todos os regimes socialistas do Leste Europeu que integravam o bloco soviético.

O presidente George Bush colhia os frutos da ofensiva conservadora de seu antecessor, Ronald Reagan, e saudava o fim da Guerra Fria como o advento de uma *Nova Ordem Mundial*[1] de paz, prosperidade e democracia, que pouco tinha a ver com a proposta anterior. Francis Fukuyama, funcionário do Departamento de Estado norte-americano, em um artigo jornalístico que evocava o pensamento do filósofo Hegel, proclamou *O fim da história*, com o triunfo do capitalismo de corte (neo)liberal e o fim das ditaduras, do nacionalismo estatista e do socialismo. Dois anos depois, a própria URSS desintegrava-se e seu regime também desaparecia.

Com o fim da Guerra Fria, encerrou-se a era do pós-Segunda Guerra Mundial, cujo sistema bipolar marcou as relações internacionais por quase meio século. Este foi um período marcado pelo terror nuclear, mas também por um conjunto de políticas racionais com forte capacidade de regulação do sistema mundial. Enfim, foi um período de estabilidade e de violência controlada e negociada pelos dois supergrandes. E o fim da bipolaridade trouxe um aprofundamento da globalização patrocinada pelos países ricos, com a finalidade de reestruturar o sistema e a economia mundiais, revertendo as tendências acima mencionadas e reafirmando a dianteira dos países desenvolvidos.

A ausência de qualquer contrapeso à liderança da superpotência sobrevivente, os Estados Unidos, permitiu que novas formas de relacionamento internacional fossem estabelecidas, deixando os países periféricos praticamente indefesos em face do novo processo de globalização. Desintegrações nacionais,

---

[1]Este termo foi astutamente usurpado da legitimada Nova Ordem Econômica Internacional, proposta pelos Não-Alinhados nos anos 1970.

marcadas por ondas de violência de novo tipo, e retrocessos econômicos passaram a afetar várias regiões do planeta. Apenas a Ásia Oriental pôde escapar, em certa medida, a esta tendência negativa, que fez aumentar a assimetria entre as nações. Mas a crise da globalização neoliberal, ao longo da segunda metade da última década do século XX, trouxe novas possibilidades de recomposição internacional.

Se por um lado esta crise marca a emergência de guerras que visam a reafirmar a desgastada hegemonia norte-americana, por outro consolida a tendência dos blocos econômicos regionais de se constituírem em novos atores internacionais, ao se tornarem também pólos detentores de certos interesses políticos. Assim, com um sistema internacional fortemente internacionalizado (ou "globalizado"), a assimetria entre as nações provoca uma forte instabilidade. A alternativa que se abre é a problemática neo-hegemonia norte-americana ("unipolaridade") ou a configuração de um sistema multipolar, com equilíbrio de poderes regulado por um sistema reformulado das Nações Unidas. Obviamente, a possibilidade de um *caos sistêmico* mais ou menos prolongado, com suas guerras aparentemente irracionais, não está excluída.

Mas a solução desse impasse não se encontra apenas no jogo diplomático, militar e estratégico entre as potências na atuação das organizações internacionais, mas na adoção de novos mecanismos reguladores no sistema produtivo e dentro da própria sociedade. Portanto, é necessário compreender a dinâmica das relações internacionais e as tendências inesperadas engendradas pela própria globalização, para poder-se elaborar qualquer estratégia política viável para reverter a atual assimetria e descompasso internacionais. Nessa perspectiva, este livro busca discutir tal processo e fornecer uma descrição empírica do mesmo, com vistas a evitar generalizações simplificadoras carentes de fundamento.

Agradeço ao CNPq, cuja Bolsa de Produtividade permitiu realizar a pesquisa utilizada como base para a preparação deste livro, ao incentivo dos professores Luis Fernandes e Emir Sader, aos pesquisadores do Núcleo de Estratégia e Relações Internacionais (Nerint), do Instituto Latino-Americano de Estudos Avançados da UFRGS, e a Samir Perrone de Miranda, bolsista de IC que colaborou na pesquisa e organização do texto.

[I. SISTEMA MUNDIAL E ASSIMETRIA INTERNACIONAL]

Antes do século XV, as assimetrias não possuíam um caráter sistêmico, devido à inexistência de sistema mundial. Foi a construção do capitalismo que gerou o descompasso entre as nações, dentro de uma perspectiva dialética. Este processo de desenvolvimento desigual e combinado, constantemente renovado, há um quarto de século ingressou numa nova e intensa fase, com a globalização e a revolução científico-tecnológica (RCT), que afetou profundamente a relação entre as nações.

1. Como surgiu a desigualdade entre as nações?

A construção de sistemas internacionais estruturados em escala mundial, dotados de continuidade histórica e de um caráter progressivo, se iniciou há quinhentos anos, com a revolução comercial que caracterizou a expansão européia e a construção do capitalismo. Anteriormente, os grandes impérios chegaram a integrar amplas regiões, mas o colapso dos mesmos produziu o retrocesso e, mesmo, a interrupção deste fenômeno. O império mongol, que por volta do século XIII construiu a mais vasta unidade política geograficamente contígua (dominando a maior parte da Eurásia), desapareceu bruscamente, quase sem deixar vestígios.

No século XV, o mundo ainda era dividido em pólos autônomos, quase sem contato entre si. Entre eles podemos mencionar os astecas, os maias, os incas, a cristandade da Europa Ocidental, o mundo árabe-islâmico, a Pérsia, a China, o Japão, a Índia e impérios da África negra, como Zimbábue. Seguramente, o pólo mais desenvolvido, na época, era a China. E é importante notar que, antes do surgimento do capitalismo, as crises econômicas, que produzem ondas de instabilidade e novas relações e acomodações, não possuíam nenhuma regularidade. Além disso, eram crises de escassez, e não de superprodução, como passou a ocorrer a partir do século XV no sistema capitalista.

Desde então, sob impulso do nascente capitalismo, os reinos europeus iniciaram a expansão comercial, que será liderada consecutivamente por Portugal, Espanha, Holanda e França. Tratava-se de uma "globalização" que ocidentalizava ou europeizava o mundo. Este sistema era baseado no comércio, na formação de um mercado mundial e no domínio dos grandes espaços oceânicos, e a queda ou declínio de cada uma dessas lideranças não produziu o colapso do sistema. Pelo contrário, cada uma delas foi sucedida por outra mais capacitada, com o sistema se tornando ainda mais complexo e integrado, como assinala Giovanni Arrighi. O sistema mundial capitalista atingirá sua maturidade em fins do século XVIII, com o advento do mundo industrial e da hegemonia inglesa.

A história contemporânea, que então se iniciou, tem sido marcada pela sucessão de sistemas mundiais intercalados por fases de transição e configuração de novas lideranças. Estas, por sua vez, se encontram apoiadas nos paradigmas econômicos, sociais e tecnológicos de cada modelo de produção e acumulação. Assim, de 1776 (ano da independência dos EUA e da publicação de *A riqueza das nações*, de Adam Smith) a 1890, a *Pax Britannica* foi embasada na Revolução Industrial e regulada pelo liberalismo, dando início ao mundo dominado pelas potências anglo-saxônicas. Mas o advento da Segunda Revolução Industrial, desde os anos 1870, bem como de novos países competidores e do paradigma fordista levam ao desgaste da hegemonia inglesa no final do século XIX.

Em 1890, com o fim da diplomacia bismarckiana e o lançamento da *Weltpolitik* (política mundial) pela Alemanha, iniciase uma fase de crise e transição, marcada pelo acirramento do imperialismo, pela Primeira Guerra Mundial, pela Revolução Soviética, por uma grande depressão de alcance planetário, pela emergência do fascismo e pela Segunda Guerra Mundial. Durante este meio século, não houve uma hegemonia definida e as potências da época, com seus projetos antagônicos, lutaram pela supremacia mundial. A "força profunda" principal, segundo a expressão de Pierre Renouvin, era a contradição entre o fordismo de alta produtividade e os mercados e as sociedades ainda organizados segundo as premissas liberais, no quadro de uma aguda competição entre potências de desenvolvimento já consolidado (Inglaterra, EUA e França) e potências tardiamente industrializadas (Alemanha, Japão e Itália).

É nos marcos da superação da grande crise e da Segunda Guerra Mundial que o fordismo passou a ser regulado pelo keynesianismo, dando então suporte a uma ordem internacional estável, liderada pelos EUA. Nesse sentido, a Guerra Fria constituiu uma era de hegemonia norte-americana, ou *Pax Americana*. Foi este o novo modelo econômico que possibilitou a internacionalização comercial e financeira sob a liderança dos Estados Unidos. Entretanto, desde os anos 1970, com a articulação da Terceira Revolução Industrial e seu paradigma científico-tecnológico, inicia-se o processo de desgaste da hegemonia norte-americana. Este fenômeno produz uma profunda reformulação internacional, cujo marco referencial é a desintegração do campo soviético.

Finalmente, o sistema internacional pós-Guerra Fria, marcado pela globalização e formação dos blocos regionais, bem como pela instabilidade estrutural que acompanha a competição econômica e o reordenamento político internacional dos anos 1990, sinaliza o início de uma nova fase de crise e transição, na luta pelo estabelecimento de uma nova ordem mundial. Nela, configura-se a emergência da Ásia Oriental, particularmente da China, como novo pólo desafiante à liderança anglo-saxônica. Além disso, a base deste período consiste na busca de estruturas que permitam um desenvolvimento estável, o que passa pelo domínio e acomodação dos paradigmas da Revolução Científico-Tecnológica, que atualmente está implodindo as estruturas preexistentes.

Em relação ao século XX, o primeiro desafio à ordem mundial anglo-saxônica deu-se a partir de dentro do próprio sistema, quando a Alemanha, primeiro isoladamente e depois acompanhada pelo Japão e Itália, tentou obter um lugar ao sol dentro da ordem capitalista, o que resultou em duas Guerras Mundiais. Um segundo desafio partiu de fora do sistema, com o socialismo soviético tentando criar uma alternativa à ordem existente, trazendo como conseqüência a Guerra Fria. Tratava-se de um desafio político-ideológico e diplomático militar, mas não econômico, pois a estrutura produtiva da URSS possuía uma lógica diferente e o país estava muito pouco integrado ao mercado mundial.

O terceiro desafio, hoje em curso, emergiu na Ásia Oriental, sobretudo através da China, constituindo um fenômeno misto, economicamente dentro da ordem capitalista, mas politicamente exterior a ela, devido aos recursos de poder e ao regime socialista deste país. As turbulências financeiras na Ásia Oriental e a guerra na Ásia Central representam, nesse sentido, o primeiro embate do novo conflito em torno da ordem mundial, não necessariamente um "choque de civilizações". Assim, os anos 1990 e o início do século XXI significam também o princípio de uma época de crise e transição rumo a um novo período histórico, com o declínio do ciclo de expansão ocidental, iniciado há cinco séculos. Os atentados de 11 de setembro de 2001 aos Estados Unidos constituem, assim, o marco inicial deste novo período histórico, cujos contornos ainda não estão muito claros.

2. De que forma a crise dos anos 1970 afetou a relação entre as nações?

Durante os anos 1960 os países europeus ocidentais (particularmente a Alemanha) e o Japão alcançaram ou ultrapassaram os Estados Unidos em vários campos da economia, enquanto este país tinha crescentes dificuldades em desempenhar o papel de polícia do "mundo livre". Após os dissabores gerados pela Revolução Cubana, Washington afundava-se na Guerra do Vietnã, com adversas conseqüências político-sociais domésticas. Mas foi a economia americana que sofreu o maior desgaste com as despesas militares, pois no auge da guerra os EUA passaram a apresentar déficits orçamentários e comerciais preocupantes. A sobrecarga gerada pelas guerras periféricas sobre a economia americana, contudo, era sintoma de um problema estrutural: a crise do modelo de acumulação do pós-guerra, assentado no paradigma fordista-keynesiano (modelo baseado na produção em grande escala em linha de montagem, apoiada pela intervenção do Estado em apoio à economia e à distribuição de renda).

O capitalismo baseado em indústrias motrizes, como os automóveis e outros bens de consumo durável, encontra seus limites, por razões como a rigidez produzida pela exigência político-ideológica de garantir pleno emprego e conceder aumentos salariais reais continuamente. Isto conduzia ao declínio da taxa de crescimento e, logo, da de lucros. No campo político-ideológico, aliás, as sociedades de consumo haviam atingido seus limites, como ficou evidente com as revoltas estudantis de 1968 em Paris e em outras grandes cidades do mundo, as quais contaram com o apoio de muitas categorias de trabalhadores.

Além disso, o tipo de indústrias em que se baseava o *american way of life* requeria investimentos de porte cada vez maior, tais como a urbanização e a construção de infra-estruturas rodoviárias e de serviços. Deve-se levar em conta, também, o desperdício produzido pelos serviços acessórios e de comercialização, requeridos por mercados de concorrência monopolista. Finalmente, é preciso considerar que a divisão mundial do trabalho então existente se tornava um entrave para o desenvolvimento deste modelo.

Para enfrentar esse conjunto de problemas, os Estados Unidos desencadeiam uma contra-ofensiva estratégica, primeiramente no campo político-ideológico, após no âmbito diplomático-militar e, por fim, na esfera econômico-financeiro-tecnológica. A preparação ideológica partiu do Clube de Roma (uma organização não-governamental criada para este fim), o qual deu o sinal de alarme, anunciando o iminente esgotamento dos recursos naturais e das formas de energia não-renováveis, ao mesmo tempo que denunciava, em clima de pânico, o crescimento populacional e a destruição do meio ambiente. Era a defesa do *crescimento zero*, que legitimava o controle demográfico e os movimentos ecológicos, elementos necessários para uma política ampla de reconversão produtiva. A dimensão diplomático-militar dessa estratégia teve como elemento central a aliança Washington-Pequim e o desengajamento parcial americano em questões locais de segurança, repassando tarefas militares locais a aliados regionais.

No âmbito das questões econômicas, Nixon decretou, em 1971, o fim da paridade do dólar em relação ao ouro e adotou medidas comerciais protecionistas (fim do sistema de Bretton-Woods), com o intuito de recuperar a competitividade da economia americana. Ao mesmo tempo, iniciou nesse ano uma política de aumentos reais escalonados no preço do petróleo, anunciado bruscamente por seu íntimo aliado, o xá do Irã. Os EUA, apesar de uma dependência considerável em importações, eram grandes produtores de petróleo, matérias-primas e alimentos. E foram justamente estes produtos que conheceram um aumento significativo, afetando a economia internacional e impulsionando o processo de reconversão econômica global. Este foi o ponto de partida da crise econômica mundial do capitalismo, e não o que ocorreu após.

Em 1973, na esteira da guerra do Yom Kippur, os países árabes quadruplicaram o preço do petróleo, além de decretarem um embargo contra os países que apoiaram Israel. Ora, considerando que os Estados Unidos importavam menos de 10% de seu petróleo do Oriente Médio, não é difícil constatar que o Japão e a Europa Ocidental foram os maiores afetados pelo embargo. É importante salientar, ainda, que a maioria dos membros da Opep eram aliados dos EUA, e que este país também tinha ascendência sobre as empresas transnacionais do setor. Desse modo, esta manobra atingia particularmente as ascendentes economias japonesa e européia, não-produtoras de combustíveis. A própria integração européia foi ameaçada, pois o choque petrolífero forçou cada Estado-membro a buscar individualmente fornecedores.

O aumento do preço do petróleo, das matérias-primas e dos alimentos, ainda que afetando o conjunto da economia capitalista mundial, deixou os EUA numa posição de nítida vantagem sobre o Japão e a Europa, na corrida para a reestruturação econômica que se iniciava. Além disso, alguns países do Terceiro Mundo se beneficiariam em certa medida com os aumentos de preços, o que os qualificaria para desempenhar o papel de potências locais, com as quais os EUA dividiriam as tarefas de gendarme. Alguns desses países seriam até beneficiados com a possibilidade de acumular recursos para industrializar-se, o que viria ser reforçado em breve pela transferência de indústrias para a periferia. Outro dado curioso é que a União Soviética também teria um papel a desempenhar na estratégia americana.

A aliança com a China visava claramente a objetivos político-diplomáticos: reduzir os custos da contenção da URSS e das revoluções sociais do Terceiro Mundo. Paralelamente, era oferecida ao Kremlin a possibilidade de manter-se a *détente*, além de uma compensação econômica que, em última instância, favorecia os Estados Unidos: Moscou era estimulada a vender no mercado mundial petróleo e matérias-primas, sobretudo minerais, e a adquirir tecnologia, receber capitais e produtos de consumo. Ora, por esta via os soviéticos aos poucos se abriam e se vinculavam à economia internacional, justamente num momento em que esta articulava um salto qualitativo.

A reorganização da economia mundial e do seu próprio modelo demandava, por outro lado, um enorme volume de capital, que no primeiro momento só poderia ser obtido através da transferência e concentração de recursos em determinados pólos. Nesse sentido, pode-se observar que o Terceiro Mundo passou cada vez mais a capitalizar o novo salto econômico do Norte. Mais irônico é que o próprio rival político-militar dos EUA também foi tragado por esse redemoinho econômico. A *Perestroika* não surgirá acidentalmente.

3. O neoliberalismo, a globalização e o mundo pós-moderno são avanços ou retrocessos?

O que se seguiu, em meio aos apelos à austeridade, foi uma corrida pela reciclagem das economias, partindo da tentativa de superar o impacto do aumento de preços daqueles fatores econômicos e das novas políticas comerciais e financeiras, como forma de retomar o dinamismo. Se, por um lado, os EUA largavam em nítida posição de vantagem, por outro, as graves dificuldades européias e japonesas os obrigavam a um esforço muito mais intenso e ousado.

O primeiro ponto a ser atacado foi a própria organização do trabalho, fator imprescindível para a compreensão da reorganização do capitalismo em escala mundial. A resistência dos operários aos métodos de trabalho taylorista e fordista, os aumentos reais de salário (seja para motivar os trabalhadores, seja como pressão desses por uma melhor distribuição de renda), ao lado de outros fatores, limitaram o crescimento da produtividade do trabalho e ocasionaram uma progressiva queda das taxas de lucro e de mais-valia. A introdução do trabalho temporário, das técnicas de "relações humanas" e das equipes de trabalho por tarefa produziram resultados limitados. O capital elaborou, então, estratégias mais amplas para responder à queda da taxa de lucro: a inflação, a ofensiva para reduzir salários e a utilização mais intensa de trabalhadores provenientes de países do Terceiro Mundo nos países de capitalismo avançado (inspirada no modelo sul-africano dos Bantustãos).

Os EUA foram os pioneiros no uso da força de trabalho imigrante (latino-americanos e, em menor medida, asiáticos). Para as áreas industriais da Europa Ocidental migravam trabalhadores provenientes dos países mediterrâneos, Irlanda, Finlândia, Antilhas, África negra, Magreb, Índia e Paquistão. No Japão, a corrente migratória provém principalmente da Coréia do Sul. Essa força de trabalho móvel, desorganizada, mal remunerada, temporária, muitas vezes gozando de uma situação infralegal, e cujos custos de reprodução não são pagos inteiramente pelos contratantes, permitiu um rebaixamento inicial nos custos de produção. Entretanto, à medida que se esboçava uma diminuição das vantagens relativas da força de trabalho estrangeira, os países da OCDE[2] passaram a transferir muitas indústrias que utilizavam intensivamente mão-de-obra para a periferia.

A nova divisão internacional do trabalho constitui, sobretudo, uma manifestação da crescente concorrência internacional que caracteriza o processo de reestruturação econômica capitalista. Para as nações de desenvolvimento maduro, retomar o crescimento implica competir e vencer o rival. Assim, a *competitividade* passa a ser o motor da globalização, tal como no início do século XX o fora a noção de *progresso*, e após a Segunda Guerra Mundial a de *desenvolvimento*. Maior competitividade significa alcançar maior produtividade, o que,

[2]Organização para a Cooperação e Desenvolvimento Econômico, que aglutina os países capitalistas desenvolvidos.

por sua vez, é obtido incrementando-se o emprego de tecnologia e reduzindo os custos de matéria-prima e mão-de-obra Assim, configura-se a Revolução Científico-Tecnológica, fenômeno que se torna um instrumento primordial da globalização.

Entre 1870 e 1970, a tecnologia não sofreu alterações qualitativas, exceção feita à aviação e à bomba atômica, que se situam principalmente no domínio militar. A adoção da RCT representa, nesse contexto, uma *decisão político-estratégica*, não sendo apenas uma decorrência indesejada da crise do petróleo, como muitos afirmam. A articulação de um salto tecnológico objetiva recuperar e redimensionar a acumulação de capital, esvaziar conquistas trabalhistas, manter a vanguarda e a dominação sobre a economia dos países periféricos (o que também é reforçado pela dependência desses quanto à importação de capitais) e anular os avanços produtivos obtidos pelo campo socialista. Deve-se assinalar que a nova divisão internacional da produção e a RCT originaram a Terceira Revolução Industrial e um intenso movimento de globalização produtiva e financeira, e que este processo transcorreu num quadro de crise recessiva e de crescente concorrência comercial entre os pólos que pretendiam liderar o processo.

Ao lado da estruturação de uma nova divisão internacional da produção, e como parte dela, os centros capitalistas trataram de impulsionar a RCT, principalmente nas áreas da informática, comunicação, biotecnologia, robótica, supercondutores etc. O desenvolvimento tecnológico passou a ser obtido através da pesquisa científica intensiva e previamente planejada, sendo logo empregada na economia, deixando de ser um resultado decorrente da evolução da produção. Através da informatização, automação e robotização, a RCT desencadeia uma mudança estrutural na produção.

O fordismo, até então dominante, estava assentado na produção em massa que requeria mecanismos rígidos, produção contínua e grandes séries de um mesmo produto. Como lembra Alcira Argumedo, já

> as fábricas flexíveis — que também requerem um uso contínuo para garantir sua amortização, devido aos ritmos mais rápidos de obsolescência — logram uma alta rentabilidade na fabricação de séries mais curtas de uma gama de produtos diferentes, que se dirigem a distintos mercados segmentados. Por sua vez, as redes teleinformáticas, ligadas à produção flexível, melhoram significativamente a gestão e a administração do trabalho nas fábricas e o fluxo de insumos e inventários, vinculando estreitamente o desenho, a fabricação e as demandas em tempo real. Dessa forma, se podem controlar os distintos ritmos produtivos sem a necessidade de acumular estoques para abastecimento ou produtos terminados para a venda.

Nesse processo, durante os anos 1970, a URSS não precisou fazer grandes esforços, devido à posse de grandes reservas de matérias-primas e fontes de energia, particularmente o petróleo. Já o Japão, no outro extremo, precisou investir maciçamente em tecnologia e novas formas de organização da produção. Nos anos 1980, com a Iniciativa de Defesa Estratégica (projeto Guerra nas Estrelas) da administração Reagan, a corrida pela supremacia tecnológica ganhará nova dimensão, conferindo à RCT o caráter de uma guerra de vida ou morte na luta pela liderança mundial.

A globalização tem recebido definições técnicas bastante restritivas, tais como "o aumento do comércio internacional num percentual superior ao aumento da produção dentro dos países", "a internacionalização do capital financeiro" ou "a mundialização da produção industrial, segmentada por diferentes países". Essas características, contudo, constituem sobretudo manifestações de um processo impulsionado fundamentalmente pela concorrência em busca de maior competitividade e de mercados consumidores. Essa concorrência, por sua vez, tem sido dinamizada e condicionada pela RCT. Além disso, o processo de globalização tem sido apresentado como um fenômeno de abertura simultânea das economias nacionais, a qual teria como resultado uma mundialização homogeneizada.

Contudo, como argumenta Igor Moreira,

> [a globalização] é seletiva, pois escolhe alguns lugares, certas atividades, determinados setores e alguns grupos ou segmentos sociais para serem mundializados e desfrutarem de inegáveis benefícios. Assim, enquanto muitos lugares e grupos de pessoas se globalizam, outros, às vezes bem próximos, ficam excluídos do processo. Por esse motivo, [ela] tende a tornar o espaço mundial cada vez mais heterogêneo. Além disso, na medida em que o capital atinge elevadas taxas de composição orgânica, com a lucratividade e a acumulação dependendo cada vez menos do fator salário, a globalização vem provocando forte concentração de riqueza, aumentando as diferenças entre os países e (...) entre as classes e segmentos sociais.[3]

A nova divisão internacional da produção constitui um elemento estrutural do processo de reestruturação do capitalismo em crise, configurando o fenômeno da globalização financeira e produtiva. Os setores industriais criados na Primeira e Segunda Revolução Industrial têm primazia no processo de transferência (têxteis e siderurgia, principalmente), bem como determinados ramos de eletrodomésticos, eletrônica, audiovisuais, artigos simples de consumo, automóveis, além de outros que utilizam intensivamente força de trabalho. Assim,

---

[3]MOREIRA, Igor. "O processo de globalização e regionalização". *Ciências & Letras*, nº 19. Porto Alegre. Fapa, 1997, p. 15.

um dos fatores determinantes da exportação de indústrias para a periferia era o baixo nível salarial pago aos trabalhadores da região, além da quase ausência de legislação social que regule as relações de trabalho.

Outro elemento decisivo é que as áreas escolhidas para a instalação das indústrias oferecem facilidades fiscais. Os impostos cobrados às empresas transnacionais nas plataformas de exportação são pequenos, pois os próprios governos pagam a maioria das taxas de administração, defesa, segurança e equipamento de infra-estrutura (em 1971, as taxas fiscais representavam de 35 a 40% do PNB nos países do centro capitalista, contra 15% no Terceiro Mundo). Agregue-se a isso a facilidade da fraude fiscal.

O controle ambiental cada vez mais rigoroso e oneroso é, ainda, um fator adicional no estímulo à transferência de indústrias para países da periferia, onde a poluição ocorria impunemente. É interessante observar que nesta época começaram a articular-se os movimentos ecologistas no hemisfério Norte, cada vez mais articulados politicamente, enquanto o Clube de Roma propugnava o *Crescimento Zero*. Fala-se cada vez mais no uso de novas formas de energia e em tecnologias que economizem e sintetizem matérias-primas não-renováveis, geralmente produzidas pelos países do Terceiro Mundo.

O resultado obtido, como forma de enfrentar a crise, é satisfatório, pelo menos a médio prazo. As indústrias instaladas na periferia, voltadas para a exportação ou elaborando apenas parte de uma mercadoria, exigem meios de transporte baratos e eficazes para vencer as enormes distâncias geográficas. As novas tecnologias do transporte, como os contêineres, as linhas aéreas de carga, as telecomunicações e a informatização vão permitir tanto a exportação eficaz como a distribuição das etapas de produção ao redor de todo o planeta. A *globalização* da produção aprofunda-se rapidamente.

No plano das relações econômicas internacionais, as transferências respondem também à competição entre potências capitalistas. Estas procuram instalar suas indústrias na periferia dos rivais comerciais e industriais, como forma de obter uma maior competitividade na conquista do mercado interno adversário, numa autêntica geopolítica dos investimentos. As áreas receptoras das indústrias transferidas foram, sobretudo, países pequenos (Costa do Marfim, Taiwan e Coréia do Sul) ou microestados (Hong Kong, Cingapura e Ilha Maurício), subdesenvolvidos e superpovoados, ou zonas francas em países de grande ou média extensão (em portos como Manaus no Brasil, ou em fronteiras economicamente estratégicas, como na do México com os Estados Unidos). Os resultados desse amplo processo foram consideráveis: em 1961, a exportação de manufaturados pelo Terceiro Mundo perfazia US$ 4 bilhões e, em 1974, US$ 38 bilhões (US$ 2,5 e US$ 25, respectivamente, em direção ao centro capitalista).

Aqui, há que fazer uma distinção entre os países que se mantiveram como meras plataformas de exportação e os que adotaram uma estratégia desenvolvimentista, tornando-se Novos Países Industrializados (NPIs). Os primeiros não lograrão obter desta conjuntura impulsos dinamizadores de longo prazo, como será o caso dos segundos. Os NPIs asiáticos, ou "Tigres", dinamizados a partir da articulação com o capitalismo japonês e, posteriormente, a ascensão econômica do mundo chinês, farão da Ásia Oriental o pólo mais dinâmico da economia mundial.

Os países desenvolvidos tornaram-se, em grande parte, sociedades pós-industriais, concentrando-se progressivamente em novos segmentos de tecnologia avançada e alta lucratividade, além de centros financeiros. O primeiro resultado é o crescimento do desemprego, pois a terceirização da economia e o desenvolvimento de novos setores de tecnologia ultrasofisticada são insuficientes para absorver os operários demitidos. O desemprego na Europa Ocidental, que era de 3% em 1971, atingiu 12% em 1985 (chegou a alcançar 18% na Grã-Bretanha, em 1987, e 25% na Espanha nos anos 1990).

Em volta do Atlântico Norte, milhões de trabalhadores encontravam-se sem emprego. Assim, as transferências atingiram outro de seus objetivos: golpear o movimento operário das nações do capitalismo avançado. Os índices de sindicalização caíam acentuadamente, enquanto a prostração e a apatia tomavam conta dos trabalhadores. A estrutura transnacional do capital vencia sem dificuldades o operariado organizado em nível nacional. Greves prolongadas, desesperadas e infrutíferas como a dos mineiros britânicos e a dos metalúrgicos alemães apenas confirmam essa tendência.

As economias centrais apresentam, então, um crescimento moderado, ou entram em estagnação. Nas cidades desindustrializadas, desenvolvem-se tensões sociais perigosas, pois a reciclagem do trabalho e os paliativos do Estado são insuficientes. Aliás, a possibilidade de atuação governamental é limitada pela vigorosa ofensiva conservadora dos neoliberais contra o *welfare state* keynesiano. O thatcherismo foi o paradigma de tal modelo, tendo concentrado a renda e elevado o índice de pobreza de 10 para 20% da população britânica. Nos países pós-industriais e neoliberais, enquanto a pobreza relativa e a concentração de renda cresciam, bolsões de miséria absoluta reapareciam triunfalmente nos outrora paraísos consumistas.

O esgotamento do Estado de Bem-Estar Social, a recessão e o desemprego dos anos 1970 tiveram como resultados importantes a desmoralização da socialdemocracia e a reversão da política generosa de imigração nos países do Norte. Criavamse assim as condições para a implantação do neoliberalismo, que, paralelamente, buscaria criar condições para estabelecer a fluidez necessária à competição dentro das economias nacionais e entre elas em escala mundial. Apesar do discurso unificador, as regras serão diferentes para os países desenvolvidos e em desenvolvimento, como se verá adiante.

Em que consiste, concretamente, o neoliberalismo? As idéias neoliberais de economistas como Hayek e de determinados círculos empresariais pouco teóricos começaram a ganhar audiência nos anos 1970, quando a crise do modelo econômico do pós-guerra introduziu uma prolongada recessão, que combinava modestos índices de crescimento com inflação elevada. Para eles, a crise seria decorrente dos aumentos salariais e dos gastos sociais do Estado, e a solução seria reduzir o tamanho e as funções do Estado, que deveria concentrar-se, sobretudo, na estabilidade monetária. Esta política foi perseguida através da limitação da emissão monetária, aumento

da taxa de juros, redução de impostos para os rendimentos mais elevados, redução dos gastos sociais, privatização facilitada das empresas públicas e, *last but not the least,* liberalização dos controles financeiros e comerciais internos e externos.

O neoliberalismo inegavelmente atingiu alguns de seus objetivos-meio: os impostos caíram, a inflação foi reduzida, as regulamentações financeiras e comerciais também, o sindicalismo sofreu um acentuado retrocesso, o desemprego tornou-se estrutural, grande parte das empresas públicas foi privatizada e os gastos sociais sofreram acentuada redução. O programa de ajuste neoliberal foi implementado em profundidade nos países anglo-saxões e em algumas nações do Terceiro Mundo. Contudo os objetivos-fim tiveram resultados decepcionantes: a retomada de um crescimento estável a taxas elevadas e a eliminação dos déficits governamentais dos países mais importantes não ocorreram. A eliminação das regulamentações financeiras e comerciais criou um sistema fortemente especulativo, no quadro de um sistema monetário internacional altamente permeável (grande facilidade de transferência e de evasão fiscal) e da articulação de verdadeiros circuitos subterrâneos e informais, gerido em nível de empresas privadas e não controlados por governos.

Os gastos militares e de segurança interna, bem como outras despesas decorrentes das conseqüências sociais da reconversão econômica, têm também impedido muitos governos de equilibrarem suas contas. Aliás, os Estados têm dificuldades crescentes em arrecadar, tanto pelas novas regras institucionais de inspiração neoliberal como pelo perfil da economia aberta e globalizada. Ironicamente, os países capitalistas que têm obtido melhores *performances* econômicas e sociais foram os que aplicaram o neoliberalismo só parcialmente (enfatizando mais o controle orçamentário e as reformas fiscais do que os cortes sociais), como é o caso dos países escandinavos e do arco alpino, ou que simplesmente o contornaram, como ocorre na Ásia Oriental (Japão, Tigres e países da Ansea). Ao lado da regressão econômico-social, apresentam-se sombrias tendências político-ideológicas. Os partidos de direita e extrema-direita crescem continuamente, enquanto os poucos governos socialdemocratas são forçados, pela dinâmica globalizante, a executar políticas econômicas típicas do neoliberalismo, como forma de retomar sua competitividade internacional. As forças conservadoras em ascensão estimulam os conflitos raciais e o desprezo pelos povos do Terceiro Mundo. A violência contra os operários árabes na França e os motins dos bairros de trabalhadores estrangeiros na Grã-Bretanha são alguns dos sintomas da ascensão vigorosa do racismo e da xenofobia.

As tendências irracionais aprofundam-se no imaginário sociocultural dessas sociedades: crescem as publicações sobre astrologia, misticismo, sobrenatural, os jogos de adivinhação, o sucesso de maniqueístas lendas medievais, o cinema-catástrofe, o militarismo e a violência dos "Rambos", as constantes aparições da Virgem Maria e os fundamentalismos religiosos. Estes são sintomas de uma sociedade assustada pela incerteza, pelo desemprego, pela solidão e pela volta ou aparição das "pestes" que flagelam a humanidade em todos os "fins dos tempos" (Aids, cólera, vírus Ebola). As elites intelectuais também se transformaram profundamente ao longo desses anos. As grandes teorias totalizantes são substituídas por uma visão fragmentária e relativista em relação à realidade. A vida social cede terreno para o indivíduo, voltado à fruição e ao "eu mínimo". Os romances e mesmo a literatura científica se tornam "*soft*". Inicia-se o mundo *pós-moderno*.

Um último resultado da crise social gerada pela desindustrialização é o aumento quantitativo e qualitativo da criminalidade. As novas camadas "excedentes", formadas pela

dissolução parcial do proletariado, abandonadas pelo Estado e tendo impossibilitada sua ação política, mergulham numa criminalidade incontrolável. A passagem do protesto social à delinqüência desenfreada permite, por outro lado, o desencadeamento de uma repressão crescente, uma repressão desejada pelas classes dominantes e consentida pela opinião pública. A manipulação da questão pelos meios de comunicação de massa é intensa. Aliás, uma das grandes revoluções desse último quarto de século é justamente a dos meios de comunicação, sobretudo da televisão. Tanto em forma quanto em conteúdo, os meios de comunicação se tornaram um dos mais importantes instrumentos de poder no mundo contemporâneo.

No plano da política internacional, é preciso destacar que o neoliberalismo estava articulado a uma estratégia de contra-revolução profunda, de que constituía uma parte. A era Reagan formalizou a reação conservadora que vinha se operando como resposta ao declínio da hegemonia norte-americana e à crise da economia capitalista mundial. Desencadeou-se uma intensa corrida armamentista, que, em conjunto com a instalação dos novos mísseis na Europa, enterrou a *détente*. Essa nova Guerra Fria consiste esquematicamente no seguinte: os Estados Unidos movem uma corrida armamentista que os coloca em superioridade estratégica sobre a União Soviética, abalando paralelamente a economia deste país; o Kremlin, debilitado, vê-se constrangido a limitar seu apoio às nações revolucionárias do Terceiro Mundo, para que os americanos reduzam sua pressão militar.

Nessas condições, os EUA e seus aliados mais militarizados (África do Sul e Israel, entre outros) poderiam esmagar os movimentos e regimes revolucionários surgidos na última década; paralelamente, os norte-americanos restabeleceriam boa parte da ascendência sobre seus aliados economicamente bem-sucedidos (Europa Ocidental e Japão), dividindo ainda com eles o fardo da despesa de armas.

No que tange especificamente ao Terceiro Mundo, Washington desenvolveu a estratégia dos *conflitos de baixa intensidade*, que seriam travados em teatros limitados visando a enfraquecer e/ou derrubar os regimes revolucionários que chegaram ao poder nos anos 1970, quando ocorreram 14 revoluções socialistas ou antiocidentais. A estratégia antiterceiro-mundista consistiu também numa ofensiva contra as demandas do Sul nos fóruns multilaterais como ONU, Unesco, Grupo dos 77 e Movimento dos Países Não-Alinhados, mas também através da Crise da Dívida (fenômeno resultante de uma decisão política articulada pelo Norte), da gradativa eliminação dos acordos multilaterais e a priorização de relações seletivas, e, desde a Reunião de Cúpula do G-7 em Cancún em 1985, do fim do "Diálogo Norte-Sul". Quanto mais a nova Guerra Fria reforçou o conflito Leste-Oeste, mais o Terceiro Mundo se fragmentou e perdeu seu protagonismo nas relações internacionais.

Tratava-se de um verdadeiro contra-ataque dos centros capitalistas, iniciado com a estratégia de recuperação hegemônica de Kissinger-Nixon-Ford, continuada com a da Comissão Trilateral com Carter e culminando com a do neoliberalismo conservador de Reagan-Bush. Assim, durante os anos 1980, a estratégia conservadora desencadeou o que Reagan definiu no Documento Santa Fé como uma *Terceira Guerra Mundial*. A peça-chave de todo o esquema estratégico era o projeto Guerra nas Estrelas, que acabou produzindo a derrocada da URSS.

4. O fim da URSS significa o fim de alternativas e o triunfo do "mercado"?

Durante a era Brejnev, a crescente presença internacional da URSS e o aumento do nível de vida da população haviam exigido um esforço adicional da economia soviética. Na segunda metade dos anos 1970, o crescimento extensivo alcançava seu limite, quando também se iniciava a nova Guerra Fria e aprofundava-se a reestruturação das economias capitalistas avançadas, em relação às quais a União Soviética estabelecera vinculações. A corrida armamentista e os embargos comerciais e tecnológicos afetaram seriamente a União Soviética, na qual a envelhecida liderança do grupo brejneviano carecia do necessário dinamismo para enfrentar os novos desafios. A crise polonesa somou-se ao peso do envolvimento nos conflitos regionais, como os do Afeganistão, Camboja, América Central, África Austral e Chifre da África. As reformas do sucessor Iuri Andropov, em 1983, não tiveram tempo de frutificar, o imobilismo do interregno Tchernenko apenas contribuíram para abortá-las. Em 1985, Mikhail Gorbachev, jovem aliado de Andropov, assume o poder no Kremlin, lançando as políticas reformistas da *Glasnost* (transparência) e da *Perestroika* (reestruturação).

A nova liderança desencadeou, no plano interno, uma política de descentralização e abertura política e econômica. Fomentaram-se a ampliação de um setor mercantil e uma maior associação ao capital estrangeiro. No âmbito internacional, Gorbachev lançou uma ofensiva diplomática em prol da paz e do desarmamento, oferecendo propostas concretas e fazendo uma intensa campanha de propaganda, quando Reagan iniciava seu segundo mandato. A inserção na economia mundial visava a obter técnicas e recursos para a modernização dos setores deficitários, além de constituir um jogo político, através da oferta de oportunidades de negócios numa época de reconversão e acirrada concorrência. O relaxamento das tensões estratégicas mundiais, por seu turno, aliviaria a economia soviética, incapaz de responder à pressão econômica e militar externa, no contexto da RCT e da globalização.

A política da *Perestroika*, contudo, continha graves riscos de desestabilização interna, além do fato de não possuir um rumo estratégico consistente de longo prazo. Das reformas dentro do socialismo, evoluiu-se gradativamente para uma transição para o mercado capitalista, um autêntico salto no escuro, enquanto o caos político-econômico crescia perigosamente, ao sabor dos confrontos sociais e nacionais-regionais. No plano internacional, desde fins de 1986 avançou-se no caminho de uma *Nova Détente*, através de acordos de desarmamento parcial e da negociação da resolução política dos conflitos regionais (Angola, Afeganistão, Camboja, América Central, Iraque-Irã). As razões de a diplomacia ocidental evoluir da confrontação à cooperação se vinculavam aos altos custos da nova Guerra Fria também para os EUA e, principalmente, ao fato de que o Novo Pensamento de Gorbachev e suas reformas faziam da URSS não mais uma inimiga, mas uma aliada. Em troca do desarmamento e da cooperação americana, a liderança soviética ofereceu uma abertura econômica cada vez maior, além de abandonar progressivamente seus aliados do Leste Europeu e do Terceiro Mundo.

A *Perestroika* demonstrou ser capaz de desarticular o sistema anterior, mas não de construir nada novo e consistente em seu lugar. O clima de liberdade foi acompanhado do caos e da regressão econômica, gerando uma frustração e uma incerteza crescentes. As reformas políticas descentralizantes, então, propiciaram uma base para a mobilização sociopolítica nas regiões e Repúblicas federadas, que logo mergulhou o país em conflitos étnico-nacionais (Cáucaso, Báltico, Ásia Central), enquanto o retraimento da ação estatal central deixava um vazio, que era preenchido pela criminalidade, pelo clima de salve-se-quem-puder e pela apropriação de empresas públicas por setores da cúpula político-administrativa, através das privatizações.

Enquanto isso, a China seguia um caminho diverso. Pequim desencadeou suas reformas internas e abertura externa essencialmente no plano econômico (desde os anos 1970), sem estendê-las ao plano político, ao contrário de Moscou, que as iniciou pelo sistema político, uma década depois. Ora, os reformistas de Deng Xiaoping desencadearam seu processo de mudanças quando a Revolução Científico-Tecnológica se encontrava ainda em sua fase inicial, além de aproveitarem uma conjuntura internacional mais favorável, conservando seu sistema político (possibilitando estabilidade e controle sobre as reformas).

O grupo gorbacheviano, por seu turno, esbarrando em dificuldades e resistências na reforma da economia, priorizou desde 1987 as reformas políticas e perdeu o controle sobre as mesmas, no momento em que se acirravam os antagonismos sociais e a própria produção mergulhava no caos. Portanto, estas se dão sem um plano estratégico claramente definido, sem controle político e, pior ainda, num momento em que a RCT já dera ao capitalismo uma dianteira inalcançável.

Os efeitos internacionais da *Perestroika* e a facilidade com que a URSS estava sendo integrada ao sistema mundial, em uma posição politicamente subordinada, levaram determinadas forças políticas a tentar conduzir a RP da China pelo mesmo caminho. Não se tratava de mera conspiração, pois as tensões sociais que acompanhavam as economicamente bem-sucedidas reformas chinesas eram consideráveis, além de os dirigentes chineses se encontrarem divididos quanto aos limites destas mesmas reformas. O movimento popular multifacetado e contraditório emergia no país, e o jovem empresariado e os ultra-reformistas do PC, nucleados por Zhao Ziyang, procuraram capitalizá-lo em sua luta contra os reformistas moderados.

A concentração popular na Praça da Paz Celestial (Tiananmen), ponto de inflexão desse confronto, ocorria durante as comemorações do Movimento de 4 de maio de 1919 e da visita de Gorbachev, que deveria encerrar três décadas de divergência. Os estudantes haviam feito reivindicações, que estavam sendo negociadas e parcialmente atendidas, o que era uma novidade no país. Contudo a pressão da mídia internacional, apoiada por interesses estrangeiros, levou os estudantes a ampliarem suas demandas, exigindo uma democracia liberal (num país que não possui estruturas sociais para isso), o que colocou o regime numa situação que não seria tolerada por nenhum governo, e o levou a reprimir o movimento com violência. A repressão militar ao movimento em junho de 1989 (com mais de uma centena de mortos) e a conseqüente derrota dos ultra-reformistas impediram que a China tivesse o mesmo destino da União Soviética. Mas este acontecimento logo seria eclipsado pelo Leste Europeu, profundamente afetado pela *Perestroika*.

Na Polônia, paralisada pela crise econômica e sem alternativas políticas, o poder era entregue em agosto de 1989 ao sindicato Solidariedade, agora hegemonicamente conservador e defendendo a implantação de uma economia de mercado, com a plena concordância soviética. Quase simultaneamente, a Hungria vivia o mesmo processo, com a formação de um governo de centro-direita. A pressão então se voltou para a Alemanha Oriental. Muitos turistas deste país passaram a emigrar através da Hungria, gerando uma crise durante as comemorações do quadragésimo aniversário do país. Em novembro o governo Honecker renunciava, enquanto o muro de Berlim era aberto e iniciavam-se reformas. Na Tchecoslováquia, as mobilizações populares culminaram na Revolução de Veludo, com a renúncia pacífica dos comunistas e a formação de um governo centrista liderado pelo teatrólogo Václav Havel.

Na Romênia, o descontentamento com o racionamento imposto para pagar a dívida externa e com o imobilismo do regime de Ceaucescu fez eclodir protestos, na esteira dos quais se desfechou um golpe militar (articulado com a KGB) e uma miniguerra civil (exagerada pela televisão estrangeira) contra os remanescentes da Securitate, a polícia política. Tal espetáculo visual se destinava a impactar a opinião pública mundial, mostrando que, em meio às chamas, o comunismo desaparecia com o "vampiro romeno" (estes fatos, no Natal de 1989, coincidiam com a invasão americana ao Panamá). Antecipando-se aos fatos, comunistas reformistas assumem o poder na Bulgária e trocam de nome. Paralelamente, desintegravam-se os regimes socialistas da Albânia e da Iugoslávia, que cairiam no ano seguinte.

Assim, no segundo semestre de 1989 os regimes socialistas foram varridos, praticamente sem resistência interna e externa, da Europa Oriental. As razões de a URSS ter permitido e, mesmo, auxiliado tal processo, deveram-se à perda de importância estratégica da região para sua defesa, bem como por representar uma moeda de troca com o Ocidente (agora se podia encaminhar a construção do que Gorbachev denominou de Casa Comum Européia). Só que o processo não se deteve nesses limites. Na RDA, as intromissões da RFA e a destruição da economia local, aliada às promessas financeiras feitas pelo chanceler alemão ocidental Helmut Kohl (que participou da campanha eleitoral com dinheiro, num país ainda formalmente independente!), levaram a maior parte da população a referendar a "unificação" em outubro de 1990.

Na URSS, a *Perestroika* de Gorbachev, depois de entregar ao Ocidente quase todo seu patrimônio diplomático e de abrir sua economia, ingressou numa crise terminal, com o caos social e econômico e os conflitos étnicos e políticos se generalizando. Em março de 1991 um plebiscito aprovou a manutenção de uma federação renovada (a União de Estados Soberanos), a qual concederia maior autonomia às Repúblicas e repartiria o controle acionário do patrimônio econômico da União entre elas (proporcionalmente à população de cada uma), sem, entretanto, desmembrá-lo. Ora, tratava-se de um mecanismo que equilibraria as forças centrífugas, o que desagradou as repúblicas mais ricas, geralmente possuidoras de uma população menor.

Em meados de 1991, enquanto Gorbi ia à reunião dos Sete Grandes pedir ajuda e voltava de mãos vazias, o ex-comunista Boris Ieltsin (agora presidente da Rússia) interditava a atuação do PCUS em todas as instituições públicas. Em 19 de agosto de 1991, um estranho e propositalmente mal articulado golpe de Estado, desencadeado pelo segundo escalão do grupo gorbacheviano, procurou deter o processo de desagregação do país (sem abandonar as reformas), mas foi suplantado pelo golpe mais bem articulado de Ieltsin, que assume o poder de fato e ignora o plebiscito que optou pela manutenção de uma federação renovada, mesmo após a "libertação" de Gorbachev. Segundo o famoso dissidente Aleksandr Soljenitsyn e muitos analistas, o golpe teria sido uma manobra articulada pelo próprio líder soviético, mas fracassou.

As repúblicas federadas aproveitaram a crise para proclamar a independência e apropriar-se do patrimônio da União localizado em seu território; algumas delas lideradas por nacionalistas de direita ou de centro-direita, e outras por comunistas desejosos de evitar a caça às bruxas desencadeada por Ieltsin. Do desmembramento da URSS surgiram novos países: Rússia, Ucrânia, Bielo-Rússia, Moldávia (eslavos); Estônia, Letônia, Lituânia (bálticos); Armênia, Geórgia, Azerbaijão (Cáucaso); Cazaquistão, Uzbequistão, Turcomenistão, Quirguistão e Tadjiquistão (Ásia Central muçulmana). Gorbachev revelou-se então como uma figura patética, assistindo impotente à dissolução oficial da URSS em dezembro de 1991. Ieltsin articulou com as novas repúblicas (exceto as bálticas) a Comunidade de Estados Independentes (CEI), um organismo com pouca consistência material e institucional.

Com o desaparecimento do campo soviético, restaram como países socialistas Cuba (sob forte pressão americana), Coréia do Norte, Vietnã e China, os dois primeiros associando empresas estatais ao capital internacional e os dois últimos introduzindo reformas econômicas de mercado, mas todos conservando os regimes políticos calcados no Partido-Estado de inspiração leninista. Por que razão sucumbiram justamente os países mais industrializados do socialismo real? Estes países, nucleados em torno da URSS, por participarem mais ativamente do jogo internacional da Guerra Fria, tiveram que fazer frente a demandas maiores que a China, por exemplo. Não se pode perder de vista o fato de que o campo socialista geria uma base econômica de dimensões apenas regionais, enquanto o capitalismo se apoiava numa economia mundial e, o que é mais importante, o sistema mundial funcionava dentro de uma lógica capitalista. A evolução do contexto mundial e a incapacidade interna de resposta a essa mudança potencializaram os problemas gerados pela "estagnação".

Além da ofensiva da Segunda Guerra Fria, o capitalismo mostrou uma grande capacidade de reciclagem econômico-tecnológica e elaborou novos e eficazes mecanismos de propaganda e legitimação social. Com a erosão dos valores socialistas, precisamente a elite técnico-burocrática comunista (sobretudo sua *nomenklatura*) pôde assumir o poder e reimplantar a propriedade privada dos meios de produção em proveito próprio, tornando-se, assim, uma classe social dominante. A tendência foi a de o antigo campo socialista desempenhar o mesmo papel internacional do Terceiro Mundo. O desaparecimento de um contraponto socialista, por sua vez, fez com que as tendências do capitalismo se acirrassem no mundo. E o fim da URSS e da bipolaridade desequilibrou as relações internacionais.

O desaparecimento da União Soviética encerrou o ciclo histórico da primeira geração de revoluções socialistas nucleadas pela Revolução Russa. Esta foi marcada por algumas peculiaridades. Tratou-se de uma revolução marxista, mas ocorrida na periferia, além de possuir um caráter híbrido. A sociedade russa da passagem do século possuía estruturas predominantemente pré-capitalistas, mas já existiam relações capitalistas industriais nas cidades. Além disso, as contradições que Marx detectara no capitalismo inglês do século XIX haviam sido transpostas para a periferia colonial e semicolonial, devido à internacionalização da economia. Nesse sentido, a Revolução Soviética não representou a implantação do socialismo, mas sim o início de um processo de transição do capitalismo ao socialismo. Este, da mesma forma que a passagem do feudalismo ao capitalismo, não ocorre nos marcos do Estado nacional, mas no plano internacional, com estancamentos, recuos e desvios para, posteriormente, retomar seu curso.

Apesar das inúmeras críticas à eficácia social e econômica do modelo soviético, é necessário contextualizar a questão. Tratou-se de um processo de desenvolvimento autônomo em relação ao mercado mundial, que foi capaz de queimar etapas e industrializar uma nação atrasada num curto espaço de tempo e em meio a uma realidade internacional francamente adversa. Esta industrialização, que não seguiu os parâmetros liberais, permitiu à URSS tornar-se uma superpotência e manter a competição político-militar com os EUA e seus aliados, simultaneamente com a elevação do padrão de vida das populações locais. Por outro lado, se o regime soviético não criou uma democracia no sentido ocidental do termo, é forçoso reconhecer que os *objetivos sociais da democracia* foram realizados. Eles representaram um desafio ao Ocidente capitalista, o qual, em meio à competição com o socialismo, acabou atendendo boa parte das reivindicações das classes trabalhadoras..

Dentre os fatores que bloquearam a afirmação plena de estruturas democráticas conforme concebidas pelo próprio movimento socialista, podem-se identificar o atraso de tais sociedades e sua tradição autoritária, bem como a existência de uma tensão externa permanente, que transformou esses regimes numa espécie de fortalezas sitiadas. Como comentou Isaac Deutscher, as fortalezas sitiadas não são exatamente o melhor caldo de cultura para o florescimento da liberdade, mas justamente o oposto.

Por outro lado, a permanente competição militar com o Ocidente capitalista criou distorções setoriais e bloqueios na construção da economia. Contudo aqui também é necessário admitir que não se tratava de uma simples paranóia de segurança, levando-se em consideração as diversas situações de pressão e mesmo de agressões militares desencadeadas pelo Ocidente contra a URSS.

[II. PÓS-GUERRA FRIA, "NOVA (DES)-ORDEM MUNDIAL" E "FIM DA HISTÓRIA"]

O fim da Guerra Fria deixou os Estados Unidos numa posição de vantagem, sem um adversário à altura, pois a Rússia não possuía o mesmo peso da URSS no sistema mundial. O presidente Bush proclamou a emergência de uma *Nova Ordem Mundial* de *paz, democracia e prosperidade*, marcada pelo paradigma do *fim da história*, de Fukuyama. Era preciso reestruturar o sistema mundial, de forma que a hegemonia norte-americana fosse reafirmada e exercida a um custo mais baixo do que durante a Guerra Fria. Nesse contexto, regiões vulneráveis como o ex-campo soviético e a maior parte do Terceiro Mundo sofreram conseqüências fortemente adversas.

5. A "Nova Ordem Mundial" de Bush pai era um projeto consistente?

O colapso do campo soviético e a desintegração da própria URSS completaram o desmantelamento da ordem internacional bipolar, baseada na Guerra Fria e institucionalizada em Versalhes e Ialta. No plano diplomático, militar e estratégico, emergem os contornos de uma *unipolaridade*, na qual os Estados Unidos conservam uma posição dominante, sobretudo na ausência de qualquer adversário à altura. Contudo, quando se levam em consideração as tendências emergentes e, sobretudo, o avanço econômico-tecnológico, o cenário que se desenha possui traços de *multipolaridade*. Essa aparente contradição adquire lógica quando consideramos que o sistema internacional se encontra em transição, numa fase nitidamente *pós-hegemônica*.

A rivalidade dos EUA com os países e pólos aspirantes à supremacia mundial, entretanto, precisa ser matizada. É evidente que o desaparecimento do perigo representado pelo inimigo externo socialista propicia o aumento das rivalidades intercapitalistas. Daí a referência a um sistema pré-Versalhes, com certas contradições semelhantes às que antecederam à Primeira Guerra Mundial. Mas, por outro lado, também é inegável o funcionamento de um *Condomínio do G-7*[4] sobre os assuntos internacionais. Isto se deve, entre outros fatores, à forte interdependência dos países líderes da economia mundial. Ironicamente, trata-se praticamente da materialização do modelo da *Comissão Trilateral*, criada na época do governo Carter.

---

[4]Organização dos sete países capitalistas mais industrializados: EUA, Canadá, Japão, Alemanha, Itália, França e Grã-Bretanha.

A própria ONU, que completou seu cinqüentenário em 1995 e discutia reformas que a sintonizassem com a nova realidade mundial, constitui um elemento significativo dessa situação. Desde o final dos anos 1980, crescia a ascendência dos EUA sobre ela, e sua utilização como instrumento da política estadunidense, o que foi facilitado pelo fim da oposição soviética: entre 1988 e 1993, a organização realizou 13 intervenções no mundo, o mesmo número do período 1945-87. Também é significativo que Washington promova intervenções suas, com mandato da ONU, em locais onde é possível atingir os objetivos rapidamente e com perdas mínimas.

Já nos cenários mais complicados, onde a intervenção implica desgaste e permanência sobre o terreno, ocorrem intervenções das Nações Unidas com apoio americano, mas, sobretudo, com o envolvimento dos aliados locais. Ambas, evidentemente, com suporte financeiro majoritariamente não-americano. Além disso, é importante salientar o esforço da Casa Branca em evitar a proliferação nuclear, em buscar a redução dos exércitos convencionais em todo o planeta (e a supressão ou a integração de alguns deles a organizações internacionais como ONU e OEA), mas conservando sua vantagem estratégica e desenvolvendo forças de intervenção rápida, de eficácia global. Essa política se vincula à concepção dos Conflitos de Média Intensidade, destinados a evitar a emergência de potências médias nos diversos cenários regionais.

Segundo Alfredo Valladão, esse conjunto de práticas norte-americanas é orientado pela *estratégia da lagosta*: o Nafta constitui a cabeça, o centro nevrálgico; a América Latina, o rabo, a retaguarda e a reserva de recursos; as garras projetam-se sobre o Pacífico e o Atlântico, apoiadas em alianças militares na Ásia e na Europa. Sua presença destina-se a evitar a emergência de potências hegemônicas nestas regiões (como foi sugerido por Henry Kissinger), e seus golpes (intervenções) são voltados para o que é considerado como um corredor de instabilidade, que inicia na Rússia, cruza a Ásia Central ex-soviética, o Oriente Médio, e atinge o leste da África. Nas duas últimas regiões estariam surgindo novas formas de Movimentos de Libertação Nacional antiocidental. Daí a lógica da malsucedida intervenção na Somália, de onde os Estados Unidos tiveram de retirar-se em 1994. A preocupação fundamental dos EUA, contudo, assemelha-se muito à da Grã-Bretanha no século XIX: o estabelecimento de *sistemas regionais de equilíbrio de poder,* que evitem a ascensão de potências rivais.

Os EUA continuam, assim, a manter uma vantagem significativa sobre seus aliados-rivais e guardando a iniciativa estratégica, apesar de seu declínio relativo. Isso se deve tanto à permanência de significativo peso absoluto, vantagem militar, domínio sobre importantes organizações internacionais, bem como pelas vacilações dos demais protagonistas, pois os riscos e os custos da construção de uma hegemonia alternativa, por parte destes, são grandes. Estes últimos preferem, então, adaptar o sistema existente.

Contudo a chave do problema está nos próprios Estados Unidos, que "não poderão manter o grau de envolvimento global necessário à preservação de seu papel mundial e à sua segurança e defesa externa sem um profundo ajuste econômico interno" que lhes permita restaurar sua competitividade. Mas não poderão ajustar a economia doméstica sem manter o envolvimento internacional necessário para obter recursos externos "e sem contribuir para a construção de uma ordem internacional, cujo grau de consensualidade lhe garanta uma liderança inversamente proporcional à quantidade de força que necessite empregar para mantê-la".[5]

[5]Albuquerque, José Guilhon. "Bill Clinton: um presidente para que século?", in *Política Externa*, vol. 1, nº 4. São Paulo: Paz e Terra, 1993, p. 83.

Contudo não se trata de um dilema fácil de resolver, pois passa pela redução do complexo industrial-militar (e dos interesses a ele vinculados), num contexto em que a instabilidade do mundo se ampliou com o fim da Guerra Fria. O presidente George Bush tentou enfrentar o desafio, mas logo ocorreu o levante negro de Los Angeles (no centro da área afetada pelos cortes na indústria armamentista), o que lhe custou a derrota nas eleições presidenciais de 1992.

A Nova Ordem Mundial deveria se basear no avanço da democracia liberal pelo mundo, na completa abertura das economias nacionais e no aumento dos fluxos comerciais e financeiros, que deveriam trazer a prosperidade. A afirmação de um novo conjunto de agendas, implementadas por organizações internacionais com um papel reforçado, não apenas afirmariam a democracia e a prosperidade, mas promoveriam a paz mundial. Todavia o fim da bipolaridade, que fora a base das relações internacionais desde o segundo pós-guerra, destruiu a ordem estruturada em Versalhes e Ialta, fazendo-a retroceder a um contexto semelhante ao existente antes de 1914. A instabilidade econômica mundial e a desordem diplomática possibilitaram a eclosão de conflitos violentos.

6. Como os ex-países socialistas foram reintegrados ao capitalismo?

A desorganização do espaço econômico soviético aprofundou a recessão, as guerras localizadas no Cáucaso, Moldávia e Ásia Central e a regressão social generalizada. A máfia emergiu como nova força política, tendo articulado redes internacionais, e tornou o país um novo centro mundial do narcotráfico, envolvendo produção, consumo interno e exportação de drogas, além da lavagem de bilhões de dólares (geralmente através da privatização de empresas estatais), o que é facilitado pela generosa política de atração de capital estrangeiro (sem perguntar por sua origem) e pela precariedade da incipiente estrutura bancária do país. O PIB caiu mais de 50%, a expectativa de vida sofreu forte redução e o choque econômico ultraliberal gerou desemprego e sofrimentos sociais indescritíveis, com crianças e velhos abandonados, retorno de doenças epidêmicas, prostituição e criminalidade, num quadro de corrupção generalizada, tanto do governo como dos novos ricos.

A Rússia, contudo, não desapareceu do jogo internacional, como muitos crêem, apesar de seu refluxo, da desmoralização e do perigoso caos social e político em uma potência nuclear. Moscou tem repassado para a China, o Irã e outras potências médias armas modernas e tecnologia espacial, nuclear e de mísseis, e o país deverá ressurgir gradualmente no cenário mundial, embora não esteja claro com que projeto.

Além dos perigos contidos no êxodo de cientistas, no contrabando ilegal de armas e plutônio, Boris Ieltsin perdeu o controle da fragmentada vida política do país, que foi cada vez mais dominada por máfias internacionalizadas: em outubro de 1993, bombardeou e assaltou o parlamento que lhe fazia oposição e em dezembro de 1994 atacou, com grandes dificuldades militares, a República separatista da Chechênia. Um ano depois, o Partido Comunista vencia as eleições legislativas e iniciava sua preparação para as eleições presidenciais, apoiado pelos nacionalistas, também em crescimento. Igualmente foram dados passos no sentido de rearticular a integração econômica no espaço da ex-URSS, pois, com exceção de algumas matérias-primas e do setor espacial e armamentista, a produção geralmente não é competitiva no plano internacional.

O desmembramento da URSS teve repercussões imediatas no sistema de relações internacionais ao encerrar a Guerra Fria. Após a derrubada dos regimes socialistas do Leste Europeu, aprofundou-se a ação das forças internas e externas responsáveis por tal mudança. Nos países dotados de forte classe média, como a República Democrática Alemã (RDA), Polônia, Tchecoslováquia e Hungria, partidos anticomunistas de centro-direita venceram as eleições, enquanto na Albânia, Bulgária e Romênia, onde este grupo era pouco expressivo, os comunistas reformados foram reconduzidos ao poder por algum tempo, depois sofrendo o mesmo destino dos anteriores.

Em todas essas nações, iniciou-se a transição para a economia de mercado, com sérios impactos sociais. Nos últimos três países, os comunistas no poder adotaram uma plataforma liberal-reformista, que os isolou da população (Romênia), ou os obrigou a partilhar o poder com a oposição (Bulgária e Albânia). A euforia da população, que idealizava o capitalismo como uma espécie de paraíso, num surpreendentemente curto lapso de tempo se transformou em frustração, a qual tomou o rumo da defesa das conquistas sociais anteriores, ou desviou-se para o nacionalismo xenófobo, separatismo étnico-regional e movimentos de extrema direita.

O caso da Iugoslávia, nesse contexto, afigurou-se mais complexo e trágico, uma vez que o país procurou resistir à nova ascendência alemã nos Bálcãs, em grande parte devido à experiência traumática da Segunda Guerra Mundial. Em meio à desagregação da federação iugoslava, os sérvios procuravam manter a unidade, enquanto os eslovenos e croatas (mais desenvolvidos economicamente) buscavam a independência, apoiados pelo Ocidente. A independência autoproclamada da Eslovênia e da Croácia em junho de 1991 e da Bósnia em 1992 (violando flagrantemente o Direito Internacional) sob a forma de Estados étnicos, levou as minorias sérvias das duas últimas repúblicas a resistir, mergulhando o país numa prolongada e sangrenta guerra civil.

A Macedônia também independentizou-se (embora seu reconhecimento internacional tenha encontrado dificuldades devido à oposição grega), enquanto Montenegro e Sérvia criavam, através de plebiscito, uma nova Iugoslávia em miniatura (a Terceira Iugoslávia). O que vem a evidenciar os interesses externos em jogo neste processo é que a comunidade internacional, em particular os membros da União Européia (por pressão alemã), imediatamente reconheceu e socorreu as repúblicas separatistas, enquanto a Iugoslávia remanescente era considerada ilegítima e marginalizada no plano diplomático, sendo estigmatizada pela imprensa simplesmente como "Sérvia". Posteriormente, em 1999, a guerra do Kosovo levou à ocupação da região pela Otan e à derrubada de Milosevic. O país passou a chamar-se, em 2002, República da Sérvia e Montenegro.

O retorno ao poder dos ex-comunistas, cuja morte política fora anunciada precipitadamente, foi um fenômeno que também atingiu a maioria dos países do Leste Europeu, onde desde 1993 os neocomunistas moderados venceram eleições. Isso não significa uma volta ao regime anterior, mas sobretudo uma reação da população à brutalidade dos ajustes econômicos neoliberais e à luta pela preservação de muitas conquistas sociais logradas durante a vigência dos regimes comunistas: estabilidade no emprego, sistema de saúde, educação e habitação, entre outros.

Na Hungria, na Polônia e na Lituânia, onde a adesão à União Européia era uma questão de tempo, trata-se simplesmente de facções convertidas à socialdemocracia, o que não interrompe o acercamento à Otan e as reformas de mercado, mas estabelece mecanismos compensatórios e um clima mais estável para o próprio processo. Passou o tempo de figuras grotescas e retrógradas como Lech Walesa, pois, durante o governo do Solidariedade, os ex-comunistas recuperaram boa parte de suas bases sindicais. Tudo isso em menos de quatro anos. Assim, em lugar do anunciado fim da história, o que ocorreu foi sua aceleração.

Na República Tcheca (que se separou amigavelmente da Eslováquia em 1993), na Letônia e Estônia, a esquerda cresceu e possuía o mesmo perfil acima descrito. Na parte oriental da nova Alemanha, os ex-comunistas criaram o PDS (Partido do Socialismo Democrático), que tem crescido como o partido dos humilhados (os *Ossis*, ou orientais), apesar de sofrer toda sorte de pressões institucionais e financeiras. Já na Eslováquia, Iugoslávia, Romênia e Bulgária, os moderados ex-comunistas, que se autodefinem como socialistas, encamparam o nacionalismo e têm o apoio dos grupos sociais sem condições de sobrevivência econômica se o governo optar por uma globalização acelerada.

É importante ressaltar que estes partidos socialistas, assim como o Partido Comunista da Federação Russa, mesmo quando se definem como leninistas, respeitam as regras do jogo político democrático-institucional, não possuindo, portanto, um perfil revolucionário. Nesses países, a manutenção de um setor estatal da economia é vital. Além disso, não têm perspectivas seguras de serem absorvidos a médio prazo pela integração européia ocidental.

A constituição alemã ocidental, que se autodefinia como provisória até que o país fosse reunificado, tornou-se automaticamente a lei suprema da nova República Federal da Alemanha. No plano político, seguiu-se uma autêntica caça às bruxas, com a demissão da maioria dos membros do governo anterior e a perseguição de seus simpatizantes. Pior ainda, o governo de Bonn procedeu à erradicação completa das instituições sociais da RDA, tais como centros acadêmicos e científicos reconhecidos internacionalmente, circos populares, indústria cinematográfica, creches gratuitas, entre outros, com o intuito de apagar o país da história.

Os *Ossis*, como pejorativamente foram chamados os alemães orientais, passaram a ser tratados como cidadãos de segunda categoria pelos *Wessis* (alemães ocidentais), e especialmente as mulheres perderam grande parte de suas conquistas sociais. O leste do país foi tratado como zona colonial conquistada, gerando um curioso racismo entre alemães. Assim, os críticos denominaram a reunificação de "novo *Anschluss*". A precipitada anexação da Alemanha Oriental deveu-se às necessidades políticas dos democratas-cristãos em dificuldades na RFA, e gerou um elevado custo econômico não previsto inicialmente. Mas Bonn aproveitou o vazio de poder do Leste Europeu, ampliando sua influência político-econômica.

7. A América Latina foi beneficiada pelo Consenso de Washington?

Desde os anos 1980, a América Latina assistiu ao esgotamento da industrialização por substituição de importações e à transição dos regimes autoritários à democracia. A abertura das economias nacionais, a transformação do aparelho estatal, a consolidação dos regimes democráticos e o encerramento da maior parte dos conflitos armados regionais ou internos, contudo, não bastaram para solucionar os problemas acumulados na década precedente. Um a um, os países apontados como modelos político-econômicos, do México ao Chile, também mergulharam na espiral de crise que afetava os demais.

Depois da "década perdida" na economia dos anos 1980, os custos sociais dos ajustes estruturais dos anos 1990 provocaram uma desintegração generalizada das sociedades do subcontinente. A criação do Mercosul em 1991, por outro lado, articulou um pólo relativamente autônomo na América do Sul, apesar do perfil neoliberal do processo de integração.

No final da década, porém, mesmo este avanço parece ameaçado; internamente, pela recessão vigente nos países-membros e, externamente, pela possibilidade do estabelecimento da Área de Livre Comércio das Américas (Alca), proposta pelos Estados Unidos. Assim, apesar das potencialidades da anunciada modernização, os anos 1990 encerraram-se como uma nova "década perdida".

No início dos anos 1980, eclodiu a crise da dívida externa, decorrente do aumento da taxa de juros nos Estados Unidos. Com o brutal incremento dos pagamentos internacionais em moeda forte, os países latino-americanos entraram em recessão, enquanto todos os esforços eram voltados para as exportações, visando ao pagamento dos bancos credores. Mas as dimensões da crise levou vários países a declarar moratórias temporárias. Isto, mais as conseqüências da Guerra das

Malvinas, levou ao desgaste dos regimes militares, que logo deram lugar a transições negociadas de retorno à democracia. Na América Central, os conflitos regionais "de baixa intensidade" haviam levado ao completo desgaste dos países da região.

Com a cooperação soviético-americana sob Gorbachev, os aliados de Moscou, como Cuba e Nicarágua, foram abandonados à própria sorte. Enquanto Cuba buscava sobreviver à perda de seu comércio com a URSS, o regime sandinista da Nicarágua e as guerrilhas de esquerda centro-americanas tiveram que negociar processos de pacificação nos termos impostos pelos EUA, sem mais nenhum apoio externo. Assim, foram promovidas eleições em toda a região, com forte apoio financeiro norte-americano aos partidos de centro-direita, que triunfaram.

A Washington não interessavam mais ditaduras militares de direita e, muito menos, os regimes nacionalistas e esquerdistas. Mas o triunfo da centro-direita, apoiada nos programas neoliberais propagados pelo chamado Consenso de Washington (que continha a agenda neoliberal dos EUA para a América Latina) não foi apenas um fenômeno centro-americano. A vitória de Salinas de Gortari, no México, de Carlos Menem, na Argentina, de Fernando Collor, no Brasil, e de Alberto Fujimori, no Peru, entre outros, na passagem dos anos 1980 aos 90, simbolizou o advento de uma nova fase, neoliberal e globalizante, no continente.

Cuba passou a sofrer uma pressão ainda maior, não apenas por parte dos Estados Unidos, mas, inclusive, de grande parte da esquerda latino-americana, que se converteu às novas perspectivas da "democracia como valor universal". A queda do regime de Fidel Castro era anunciada como iminente, enquanto o bloqueio econômico era intensificado, bem como as tentativas de isolamento diplomático. Para sobreviver, o socialismo cubano voltou a estimular o turismo, que, se atraiu recursos para o país, gerou o desenvolvimento de uma sociedade dividida entre os que conseguem receber dólares (empregados no turismo) e os que não conseguem (ironicamente, em geral, os empregados estatais leais ao regime).

Contudo, apesar dos atos de sabotagem, provocações e das campanhas de propaganda contra Cuba, o regime logrou sobreviver e, inclusive, recuperar certo protagonismo nos planos continental e mundial. Fidel Castro, qualificado pelos intelectuais pós-modernos como "dinossauro", pôde comprovar interna e externamente a permanência de sua popularidade em várias ocasiões nos anos 1990. Em meio às grandes dificuldades econômicas da população, o regime conseguiu manter o sistema político de partido único, embora preparasse uma nova geração e criasse *joint-ventures*, associando empresas estatais a estrangeiras.

Alguns movimentos guerrilheiros abandonaram a luta armada, enquanto outros foram praticamente eliminados. Ao mesmo tempo, por pressão americana, as duas últimas ditaduras militares do continente (Chile e Paraguai) abandonavam o poder numa transição negociada, sem que houvesse reais mudanças. Por outro lado, a pretexto de combater o narcotráfico, cresceu a presença de forças especiais dos EUA na maioria dos países do continente. Muitos conflitos armados, entretanto, persistiram, como na Colômbia e no Peru, enquanto outros surgiram, como o dos zapatistas, no México. Isto para não falar no aumento generalizado da criminalidade e da transformação de antigos conflitos políticos em banditismo endêmico, como na América Central.

No campo econômico e político, o continente foi submetido a um único padrão, com exceção de Cuba. Privatizações de empresas estatais (geralmente compradas por companhias estrangeiras), abandono de importantes funções econômicas

e sociais pelo Estado, abertura das economias nacionais e prioridade ao equilíbrio fiscal e ao combate à inflação passaram a ser uma regra.

No campo político-ideológico, o pensamento único liberal também se tornou modelo, em meio ao crescente descrédito da sociedade em relação às instituições políticas, como bem o demonstram inúmeras pesquisas e estudos de opinião. Além disso, os presidentes responsáveis pela implantação dos programas de ajuste orientados pelo Fundo Monetário Internacional (FMI) desenvolveram a tendência de buscar conservar o poder através de reeleições, que implicavam alterar as constituições, como foi o caso de Menem, Fujimori e Fernando Henrique Cardoso. Mais do que vaidade pessoal ou autoritarismo de novo tipo, trata-se de uma orientação internacional para a consolidação das reformas neoliberais empreendidas por estes.

Como resultado dos programas de ajuste neoliberais, os países latino-americanos sofreram forte retrocesso econômico, especialmente no setor industrial, embora tenha havido a modernização de alguns setores. Sob o pretexto de modernizar e tornar concorrenciais setores pouco competitivos, foram levados à falência importantes ramos das indústrias locais. Conceituadas e lucrativas empresas estatais foram vendidas a preços simbólicos, em operações geralmente marcadas por irregularidades e favorecimentos.

Direitos sociais foram suprimidos do dia para a noite, enquanto o sindicalismo sofria um retrocesso marcante. Pior do que a queda dos salários, entretanto, foi a elevação brutal da taxa de desemprego, hoje, sem dúvida, o maior problema do continente e do mundo. Para completar, o declínio dos indicadores de saúde e educação produziu um processo de fragmentação social inédito na história latino-americana.

A crise socioeconômica e a instabilidade política propiciaram o retorno de tentativas de golpe de Estado, como no Peru, Haiti e Venezuela, este fracassado, mas com simpatia popular (o líder golpista, Chávez, veio a ser eleito presidente posteriormente). Enquanto a criminalidade e a violência social atingiam níveis alarmantes, revoltas populares eclodiram na Argentina, Bolívia, Venezuela, Haiti, México e em outros países, como resposta à deterioração das condições de vida.

No México de Salinas de Gortari, que fora apontado como o modelo a ser seguido pelo resto da América Latina, a eclosão da crise financeira decorrente do modelo centrado na atração de capitais especulativos, a corrupção e a violência política derrubaram tal mito, como foi visto, levando este presidente a fugir do país. Além disso, o México faz parte do Nafta, condição inatingível para outros países do continente. Então, o sucesso de determinados indicadores macroeconômicos chilenos levou os analistas a centrar sua atenção nessa nação, mas o modelo possui uma fragilidade estrutural, pois se assenta na exportação de produtos primários, muitos dos quais não-renováveis. A par disso, as limitadas dimensões do Chile (14 milhões de habitantes) tornam difícil a imitação do seu modelo econômico por um país continental e industrial como o Brasil.

O *Estado-espetáculo*, com escândalos manipulados e farsas previamente orquestradas, tem ocupado o centro da medíocre vida política de nações como Brasil e Argentina. A defesa dos direitos de minorias como as indígenas e a proteção ambiental da Amazônia têm propiciado novas formas de ingerência internacional, sobretudo através de certas ONGs, violando o já enfraquecido princípio da soberania nacional.

8. Por que não houve "paz, democracia e prosperidade" na África e no Oriente Médio?

O fim da bipolaridade também enfraqueceu o Movimento dos Países Não-Alinhados, enquanto os demais conflitos regionais, cuja resolução igualmente havia sido negociada por Washington e Moscou no final dos anos 1980, em lugar de terem sido eliminados, foram redimensionados. A dimensão ideológica e estratégica Leste-Oeste desapareceu, mas foi substituída pela "tribalização" no plano interno e pela ingerência de potências regionais e médias, fornecedoras de armas e desejosas de ocupar o vácuo criado com o fim da Guerra Fria (Alemanha, Irã, Turquia, Paquistão, por exemplo). Este processo teve lugar na maior parte da África, no Oriente Médio, no Afeganistão (cujo regime socialista, ironicamente, sucumbiu depois da URSS, em abril de 1992) e em amplas áreas da Ásia.

O Cáucaso e as repúblicas muçulmanas da ex-URSS também começaram a viver conflitos, ampliando a área de instabilidade do Oriente Médio. Em agosto de 1990, o Iraque, mergulhado na crise interna, abandonado pelas petromonarquias (suas ex-aliadas contra o Irã) e discretamente avalizado pelos EUA (cuja estratégia agora se baseava nos *conflitos de média intensidade*), invadiu o Kuwait. Este país possuía litígios com o Iraque, negava apoio ao antigo protetor, desejava mesmo cobrar a dívida contraída por Bagdá na guerra contra o Irã (encerrada em agosto de 1988), e ainda manobrava na Opep para reduzir o preço do petróleo.

A ação foi condenada unanimemente pelo Conselho de Segurança da ONU, que decretou medidas como o embargo econômico e o envio de tropas à região com uma rapidez nunca vista, mostrando que Saddam havia caído numa armadilha, e evidenciando o poder e a determinação dos EUA. Em 15 de janeiro de 1991, os americanos e seus aliados atacaram violentamente um país totalmente isolado há meio ano, destruindo-o por completo.

Saddam Hussein, entretanto, manteve-se no poder e derrotou as revoltas curda e xiita, embora o Iraque tenha continuado isolado pelo embargo internacional por muitos anos, o que causou um indescritível sofrimento à população do país. Conquanto os Estados Unidos tenham demonstrado sua arrasadora superioridade militar, necessitaram de enorme apoio financeiro de seus aliados para realizar a Operação Tempestade no Deserto.

Ironicamente, a destruição do Iraque deixou o campo livre para as petromonarquias tentarem impor uma nova ordem regional, apoiada no eixo Riad-Cairo-Washington. A importância do petróleo e das finanças árabes constituiu um forte elemento para a recuperação da competitividade da economia americana, o que levou os republicanos a pressionar Israel a negociar um amplo processo de paz com a OLP (Organização para a Libertação da Palestina) e com os vizinhos árabes.

Com o fim da ameaça representada pela URSS e pelos regimes reformistas árabes inimigos do Ocidente e das petromonarquias, Israel perdeu grande parte de sua importância estratégica. Além disso, Israel, os países árabes conservadores e o Ocidente passaram a preocupar-se cada vez mais com a ascensão dos grupos fundamentalistas islâmicos, a *maré verde* que ameaçava inclusive a OLP.

Esse fenômeno decorre largamente da frustração política dos árabes e do padecimento social da população com as crescentes dificuldades econômicas, e a questão palestina constitui um dos pivôs desses problemas. Assim, em setembro de 1993 foi assinado o Acordo de Paz Israel-OLP, que criava a Autoridade Nacional Palestina, um proto-Estado nacional em Gaza e Jericó, que deveria ser ampliado para outras áreas da Cisjordânia.

O processo de paz alargou-se, com o estabelecimento de relações entre Israel e Jordânia, mas foi marcado pela oposição violenta dos islâmicos e da esquerda palestina, da direita israelense (particularmente dos colonos dos territórios ocupados) e de vizinhos como a Síria. Em novembro de 1995, um extremista judeu assassinou o primeiro-ministro Rabin, um dos articuladores do processo de paz. A volta dos conservadores do Likud ao poder, com a intransigência do primeiro-ministro Netanyahu, tem buscado reverter os resultados do processo de paz, apesar das pressões da Casa Branca pela continuidade do mesmo.

Na região, o Irã tornou-se o alvo das pressões ocidentais, enquanto o país procurava apoio para seu projeto nuclear. De qualquer maneira, o processo de paz trazia implícita a integração econômica da região, a qual poderá permitir o estabelecimento de uma maior estabilidade social e diplomática no Oriente Médio, bem como a inserção internacional menos onerosa desta área no movimento de globalização econômica em curso. Este, aliás, parece ser também o caso da África Austral, outra região considerada estratégica para a Nova Ordem Mundial, com suas reservas minerais e sua importante posição geopolítica. Tanto aqui como no Oriente Médio, os conflitos regionais conduziam à radicalização social, à instabilidade diplomática e aos excessivos gastos em defesa e segurança, os quais foram consumindo as riquezas locais, obrigando o Ocidente a auxiliá-las economicamente.

Em 1990, o líder negro Nelson Mandela foi libertado, o *Apartheid* começou a ser desativado pelo presidente Frederik de Klerk, culminando com a eleição de Mandela à presidência do país em 1994. Esse caminho foi difícil, com inúmeros conflitos internos, o que também veio a ocorrer com os processos de paz em Angola e Moçambique, só concluídos após a vitória do Congresso Nacional Africano (CNA) na África do Sul. Apesar da situação ainda não haver sido resolvida em Angola, a queda de Mobutu no Zaire deixou a Unita ainda mais isolada. Finalmente, começa então a esboçar-se uma região integrada na África Austral, em torno da nova África do Sul. Esses dois "sucessos" são relativos e sujeitos a retrocessos, o que não diminui seu imenso significado histórico.

Outro conflito "desestrategizado" do pós-Guerra Fria foi a guerra civil de mútuo extermínio em Ruanda e Burundi, em meio à conivência internacional. Este conflito, entre as etnias tutsi e hutu, evoluiu de forma que os antigos grupos pró-franceses foram varridos do poder, o que permitiu que os governos destes países, aliados a países anglófonos da região e a antigos aliados da URSS, apoiassem um movimento armado de oposição que derrotou com surpreendente facilidade o regime de Mobutu no Zaire (que voltou a chamar-se Congo).

Assim, o Chifre e o centro da África bruscamente passaram da condição de zona de influência de Paris à de Washington. Enquanto isso, o processo de fragmentação sociopolítico também atingiu a Argélia, onde o processo eleitoral liderado pela Frente Islâmica de Salvação Nacional foi interrompido em 1991, afundando o país na violência e terrorismo desenfreado e num impasse político. Isso para não falar dos conflitos ligados ao narcotráfico, que produzem conflitos internos e externos em dezenas de países, da Colômbia à Etiópia, do Afeganistão à Mianmar (Birmânia).

O Oriente Médio, contudo, não tem conseguido avançar. Os impasses nas negociações de paz durante o governo Barak e a provocação de Sharon ao visitar a esplanada das mesquitas em Jerusalém, em setembro de 2000, desencadearam uma segunda *intifada*. No início de 2001, o direitista Likud venceu

as eleições, levando o belicista Ariel Sharon ao poder, com uma agenda contrária a qualquer concessão aos palestinos. Isso gerou uma onda de violência que já produziu milhares de mortes (um quarto de judeus), com atentados palestinos suicidas e ocupação militar israelense dos territórios da Autoridade Nacional Palestina. A onda de instabilidade gerada e a desmoralização dos regimes árabes pró-EUA têm constituído uma ameaça a estes. Os atentados de 11 de setembro, a guerra ao terrorismo e sua onda antiislâmica, bem como as ameaças ao Iraque e ao Irã, ao lado da guerra do Afeganistão, criaram o mais perigoso foco de tensão internacional no início do século XXI.

Enfim, as regiões estudadas neste subcapítulo foram áreas marginalizadas durante o processo de globalização ou espaços geopolíticos em disputa, ainda insuficientemente organizados. Mas, ao mesmo tempo, esse "abandono" ou perda de importância estratégica tem permitido a rearticulação a partir de uma correlação de forças locais. Por outro lado, é importante destacar que a onda de violência e fanatismo que as afeta está mais relacionada a um processo profundo de modernização do que à regressão superficial, que é percebida pela mídia e tornada elemento para estigmatizar os povos e culturas locais.

[III. IMPÉRIO GLOBAL E/OU BLOCOS REGIONAIS]

Ao longo dos anos 1990 ficou evidente a instabilidade da ordem pós-Guerra Fria. Após um período inicialmente vantajoso, os EUA não lograram impedir a emergência de certas contradições na Europa e na América Latina, não puderam controlar os desdobramentos do desenvolvimento da Ásia Oriental nem impedir o retorno de grandes países periféricos como a Rússia, a Índia e a África do Sul, ao jogo diplomático mundial. Apesar de tudo, o regionalismo se afirmou como parte do processo mais geral de globalização, e a afirmação de um império global norte-americano permanece historicamente incerta.

9. Os EUA preferem o *soft* ou o *hard power*?

O pós-Guerra Fria diminuiu, no longo prazo, a percepção da utilidade dos Estados Unidos para seus próprios aliados, pois a hegemonia americana dependia da clivagem bipolar, à medida que os vencidos da Segunda Guerra Mundial prosperavam economicamente. Mas as incertezas internacionais e o vácuo criado com o desaparecimento da URSS permitiam a Washington apresentar-se como indispensável no curto e, mesmo, no médio prazo. A estrutura mundial de caráter oligárquico propicia, igualmente, aos EUA um considerável espaço de iniciativa estratégica. Agregue-se a isso que, apesar do declínio relativo do país em alguns campos, ele ainda é responsável por quase 20% da produção mundial, além de conservar a primazia militar e a ascendência sobre as mais importantes organizações internacionais da esfera econômica e política, algumas das quais em processo de reforma (Banco Mundial, FMI, ONU e OMC).

Da mesma forma, como salientou Henry Kissinger, Washington não está disposta a aceitar a hegemonia de qualquer potência continental sobre a Europa ou a Ásia e depende seriamente da evolução da Rússia e da UE. Tal política confere certa lógica à hipótese de Alfredo Valladão, de que os EUA estariam implementando o que este autor denominou de *estratégia da lagosta*. Por outro lado, é importante lembrar que Washington tem estruturado uma série de práticas de comportamento internacional para os Estados, que já se encontram institucionalizadas.

Como lembra Valladão,

> para os dirigentes americanos, a segurança nacional tende a se confundir com a do globo. O funcionamento da economia internacional, assim como os problemas ligados ao meio ambiente, às migrações de massa, ao tráfico de drogas ou à ajuda humanitária

> aparecem oficialmente como partes integrantes da doutrina americana de segurança, [que] a partir de agora comportará três eixos perfeitamente solidários: uma pasta "segurança", com seus aspectos militares clássicos (...), aos quais serão acrescidas novas missões (luta contra o terrorismo e o tráfico de drogas, ajuda humanitária, manutenção da liderança no espaço) e uma nova responsabilidade (a defesa do meio ambiente global); uma pasta "prosperidade" que, além do reforço da economia interna, repousa essencialmente sobre três pilares: a abertura maciça dos mercados estrangeiros, a coordenação macroeconômica sob a liderança norte-americana e a promoção, em todo o mundo, do "desenvolvimento durável"; uma pasta "democracia": não uma "cruzada democrática, mas um engajamento pragmático para que a liberdade crie raízes lá onde isso melhor nos ajudar".[6]

A questão central, contudo, talvez esteja dentro dos próprios Estados Unidos. Há um grande debate sobre o declínio americano, contrapondo os declinistas e os revivalistas. Os primeiros, tendo em Paul Kennedy (*Ascensão e queda das grandes potências*) seu maior expoente, argumentam que o país atingiu seu ponto de maturidade e necessita agora encontrar um lugar na ordem internacional que implique compartilhar responsabilidades com outras potências. Para Samuel Huntington e Joseph Nie, o país estaria passando por um rejuvenescimento, e o fim da Guerra Fria estaria abrindo espaço para uma nova hegemonia americana. Não haveria, assim, nenhum país capaz de desafiar os EUA durante longo tempo. Nesse sentido, ao longo dos anos 1990 foi destacada certa recuperação econômica, tecnológica e, mesmo, social no país, devido à queda da taxa de desemprego.

---

[6]Valladão, Alfredo. "A Europa: motor de uma ação internacional pós-soberana", in *Política Externa*. vol. 7, nº 1. São Paulo: Paz e Terra, 1998, p. 81-2. A citação americana é de *White House, a National Strategy of Engagement and Enlargement,* US GPO, Washington, julho de 1994.

Sem desejar tomar uma posição definida nesse debate, é necessário pensar algumas questões importantes. Em primeiro lugar, desde os anos 1970, os Estados Unidos vinham perdendo posição em diversos itens que qualificam o poder internacional de uma nação. Como foi visto, reagiram no plano econômico e estratégico e têm usado a ascendência sobre as organizações internacionais para reafirmar sua dianteira. Mas não ocorreu nenhum "milagre" ou revolução produtiva nos EUA nas duas últimas décadas que justificasse a idéia de uma retomada de crescimento. O país logrou abrir o mercado de outras regiões, como a América Latina, e flexibilizou o mercado de trabalho doméstico, de modo que os empregos criados são precários. Há uma curiosa terceiro-mundização dos Estados Unidos, pois o emprego de trabalho barato (e não mais exclusivamente de imigrantes) se tornou um mecanismo de competição internacional mesmo na mais poderosa nação capitalista do planeta. Assim, a *reafirmação externa* norte-americana implica um crescente *enfraquecimento interno*.

Também há que levar em consideração certos elementos culturais que estão implícitos no livro *O choque de civilizações*, de Huntington. O mais interessante nessa obra é a percepção que o WASP (branco, anglo-saxão e protestante) americano tem da evolução de seu país, como o temor instintivo diante das demais civilizações. Nos EUA, o inglês nunca foi idioma oficial, simplesmente porque todo imigrante buscava americanizar-se o mais rápido possível para integrar-se no mercado de trabalho e na sociedade de consumo. Hoje os republicanos lutam pela instauração do inglês como língua obrigatória, pois grandes comunidades não necessitam empregá-lo cotidianamente, e há inclusive cidadãos americanos que não sabem falar inglês. O percentual das minorias não apenas cresce rapidamente, mas, o que é mais importante, suas identidades têm se reafirmado e, até, "contaminado" a tradicional cultura do *american way of life*. Um bom exemplo é o avanço da cultura *chicana*.

É preciso levar em conta esses aspectos quando se avalia a projeção internacional do poderio americano. Este poderio tem sido explicitado através de demonstrações de força que, entretanto, são mais formativas que um objetivo em si mesmo. A Nova Ordem Mundial idealizada pelos Estados Unidos aposta num papel renovado para as Nações Unidas e outras organizações internacionais, com o objetivo declarado de expandir a democracia e o livre mercado. Dentro desse esquema, a Otan (Organização do Tratado do Atlântico Norte) representa uma prioridade e um modelo ideal. Ao mesmo tempo que mantém os aliados subordinados a uma estratégia geral, formulada por Washington, tal estratégia reparte os custos com esses mesmos países.

Há também que fazer uma diferença entre a estratégia dos democratas e a dos republicanos. Os primeiros são mais propensos ao multilateralismo e atribuem aos EUA um papel de *liderança*, a qual gerencia um código de valores e de conduta que o país está afirmando no mundo, apoiando-se para tal em organizações internacionais e nos elementos do chamado *soft power*. Assim, tal visão implica uma ingerência global e permanente, pois os Estados Unidos seriam o *centro de um sistema mundial*.

Os segundos, ao conceberem seu país como a maior potência, tendem a considerá-lo um *comandante-em-chefe*. Preferindo as relações bilaterais, nas quais a nação americana seria sempre o lado mais forte, os republicanos parecem mais dispostos a não organizar tanto o mundo, mas exercer seu poderio com violência sempre que necessário, mundo este que poderia ser mais plural do que o concebido pelos democratas. Nesse sentido, o tradicional *hard power* seria empregado de forma mais sistemática do que pelos democratas. Entretanto, com qualquer dos dois partidos, o papel dos EUA será decisivo para o estabelecimento de uma Nova Ordem Mundial.

Os Estados Unidos, como líderes incontestes do sistema internacional em transformação, têm buscado reafirmar sua liderança através de formas menos onerosas. Não é mais possível arcar com os custos da época da Guerra Fria. Assim, Washington trata de estabelecer novos códigos morais e de conduta, ancorados em organizações e regimes internacionais, como forma de exercer sua hegemonia mundial. Os princípios que começam a substituir o direito internacional abarcam cada vez mais temas como democracia liberal, direitos humanos, economia de mercado, narcotráfico, terrorismo, defesa de minorias étnicas e questões ambientais, entre outras. A decisão, porém, sobre quais violadores destes princípios são passíveis de punição tem sido abertamente casuística.

Apesar do crescente papel das organizações internacionais governamentais e, sobretudo, não-governamentais (ONGs), a decisão sobre tais questões parece ser muito mais encaminhada através de eficazes campanhas de propaganda pela mídia globalizada, o que certamente não ocorre por acaso. O papel dos Estados Unidos nesse fenômeno tem sido determinante. Por outro lado, o reforço ou reforma dessas organizações são sintomáticos. O GATT (Acordo sobre Tarifas e Comércio) foi transformado em OMC (Organização Mundial de Comércio), passando de uma organização com característica de fórum para uma com capacidade prescritiva e punitiva. A isso se soma o crescente poder do Fundo Monetário Internacional (FMI), do Banco Mundial e do próprio G-7. Juntas, estas instituições se revelam capazes de orientar a política econômica mundial.

As Nações Unidas, por sua vez, encontram-se em processo de discussão sobre o ingresso de novos membros permanentes com direito a veto no Conselho de Segurança. Trata-se de enquadrar a Alemanha e o Japão no condomínio político dirigente, atribuindo-lhes, simultaneamente, tarefas financeiras compatíveis com seu novo *status*. Contudo países do Terceiro Mundo, como Índia e Brasil, viram no processo de adequação das estruturas internacionais ao fim da Guerra Fria uma oportunidade para ampliar sua projeção diplomática.

Mas, como disse o humorista Groucho Marx, "jamais ingressaria em um clube que me aceitasse como sócio". Ou seja, muito provavelmente, o ingresso de países como estes últimos no Conselho, apenas com base na adesão das novas agendas internacionais, produziria um relativo esvaziamento de suas atribuições. Seria ilusório pensar que as grandes potências simplesmente entregariam parcelas de poder de forma voluntária e generosa. Isso não existe em política. Aliás, com o desaparecimento da URSS, as potências dominantes no fim do século XX são as mesmas do seu início (EUA, Japão, Alemanha, França e Inglaterra), com a exceção parcial e virtual da China.

Entre as estruturas hegemônicas de poder, encontram-se aquelas destinadas a acelerar o progresso científico e tecnológico em favor das potências já dominantes, bem como reorganizar o sistema produtivo mundial, já analisadas. Também se podem mencionar a reincorporação de regiões ao sistema capitalista e a concentração de poder, ainda que realizada de forma difusa ou camuflada.

Por fim, as estruturas hegemônicas de poder visam à reorganização territorial e à limitação da soberania das nações que não integram o condomínio do poder mundial. Alguns países periféricos, diga-se de passagem, aceitam essa agenda de redução de seu próprio poder, aderindo a acordos de desarmamento unilateral, como o caso da adesão ao TNP (Tratado de Não-Proliferação Nuclear), enquanto as grandes potências (as mais armadas) nem sequer cogitam discutir tal problema.

A redução da soberania dos Estados nacionais pode ser percebida até mesmo pela nova linguagem que impregnou as relações internacionais. Até a década de 1980, era comum referir-se a países como Brasil, México e Índia, por exemplo, como *potências médias*, *potências regionais, Estados em desenvolvimento* ou *países recém-industrializados*. Atualmente, são denominados *mercados emergentes*, tendo desaparecido as noções de Estado, nação, desenvolvimento, potência ou mesmo de projeto nacional. Além dos fatores internacionais que produziram tal fenômeno, já descritos, é preciso considerar que as políticas neoliberais impedem os governos de governar, devido à falta de recursos, debilitando assim internamente os Estados nacionais. O grave é que o capital estrangeiro e as empresas transnacionais se preocupam apenas com sua lucratividade (inclusive abandonando países quando não são mais interessantes, como ocorreu com a Argentina), enquanto são os Estados nacionais e os governos que têm responsabilidade sobre a preservação das populações e do território.

A estratégia americana, por outro lado, vem evoluindo do *containment* ao *enlargement* e *engagement*, como recomendou o secretário e ex-diretor da CIA Anthony Lake. Durante a Guerra Fria, o mundo estaria dividido entre azuis e vermelhos, com Washington contendo os vermelhos. Com o desaparecimento destes últimos, seria necessário avançar e ocupar o espaço vazio. A implementação desse princípio, que já vinha sendo ensaiada em várias ocasiões, acabou sendo institucionalizada através da Otan, na guerra "humanitária" contra a Iugoslávia. Durante o cinqüentenário da Organização, que "coincidiu" com esta guerra, a nova estratégia foi oficializada e consolidada simultaneamente. Mas o sucesso americano tem ocorrido também pela incapacidade e debilidade de seus adversários.

A resposta norte-americana às pretensões da Europa, por exemplo, deu-se através de um documento intitulado *Defense Planning Guidance 1994-99*, elaborado em fins de 1992 pelo Pentágono. Concretamente, recusou qualquer esquema de defesa europeu fora da Otan (propondo inclusive sua *ampliação* em lugar de sua *extinção*), devido a supostas ameaças do Leste Europeu e da Bacia do Mediterrâneo. No processo de convencimento dos europeus, foi desencadeada a Guerra do Golfo e alimentados, dentro da própria Europa, os conflitos da Iugoslávia em desagregação.

Estas guerras, particularmente a última, foram habilmente exploradas pela grande mídia internacional, visando a provar a necessidade de manutenção da Otan. Depois, vieram os processos de paz articulados pelos Estados Unidos no Oriente Médio e na ex-Iugoslávia, à revelia dos aliados europeus, o que logo também veio a ocorrer com relação aos conflitos africanos. A influência da UE nos Bálcãs, Oriente Médio e África Centro-oriental foi drasticamente reduzida como resultado desse processo. A reação extemporânea da diplomacia neogaullista de Chirac a essa política de perda de influência, em 1995, revestiu-se de resultados patéticos.

10. A "proteção" americana ainda convém à União Européia?

A União Européia encontra-se diante de grandes desafios, que estão impondo a tomada de decisões estratégicas. Essa situação é, em larga medida, decorrente do fim da Guerra Fria e da aceleração da globalização, que alteraram drasticamente o cenário regional e internacional sobre o qual se construiu este que é o mais desenvolvido processo de integração supranacional. O debate em torno do modelo de integração, a expansão para o Leste Europeu, a adoção de uma política externa e de defesa comuns, a implantação do euro e o relacionamento com os EUA definirão os rumos desse projeto no século XXI.

Surgido na década de 1950 e construído ao longo da Guerra Fria, o processo de integração europeu funcionava como um elemento de estabilidade no Ocidente, afirmando seu sistema diante do bloco comunista. Além disso, um de seus fundamentos de unidade era o eixo Paris-Bonn, no qual a França detinha a supremacia político-militar e a Alemanha, a econômica. Nos anos 1980, esse processo sofreu diversos impactos com a nova Guerra Fria e a instabilidade dos Estados mediterrâneos que haviam sido recentemente democratizados. Naquela década foram incorporados Grécia (1981), Portugal e Espanha (1986), assim como assinada a Ata Única Européia (1986). Logo em seguida, em 1989, assistiríamos à queda do Muro de Berlim, à desagregação do bloco oriental e da URSS, assim como à reunificação da Alemanha. Na seqüência, entrou em vigência o Acordo de Maastricht em 31 de dezembro de 1992, que transformava a Comunidade Européia (CE) em União Européia (UE).

No caso da reunificação alemã, seu processo foi precipitado pelo chanceler Helmut Kohl. Apesar de reconstituir a *Mittle Europa*, os custos econômicos e sociais foram grandes, com o fim da estabilidade e consenso domésticos. Em meio ao crescente desemprego, corte de gastos sociais, manifestações de rua e greves nacionais, ocorre a volta de velhos fantasmas, como o racismo e a xenofobia dos grupos de extrema direita e a oscilação do eleitorado. No campo internacional, perturbou-se conjunturalmente o equilíbrio França/Alemanha, o que trouxe inquietação aos vizinhos ocidentais a respeito do novo papel alemão no mundo e na UE. Todavia predominou a simbiose existente entre a UE e a Alemanha: para a Alemanha, a UE constitui seu *hinterland* econômico, enquanto para a UE ela representa um desenvolvimento dinâmico e o principal amortecedor dos problemas do Leste Europeu.

Nesse sentido, não seria exagerado afirmar que os destinos da UE se jogam desde então, em boa medida, na Europa Oriental. Esta região está introduzindo importantes problemas econômicos e de segurança na agenda da integração, como as migrações, os conflitos, o narcotráfico, a ação das máfias e, finalmente, a instabilidade financeira. A conversão do antigo campo soviético em uma espécie de Terceiro Mundo colocou a UE diante de uma contradição de tipo Norte-Sul em suas fronteiras.

No Leste, a euforia da população, que idealizava o capitalismo como uma espécie de paraíso e esperava resultados positivos com uma rápida integração à UE e à Otan, num lapso de tempo surpreendentemente curto se transformou em

frustração, que se desviou para versões de nacionalismo xenófobo, separatismo étnico-regional e movimentos de extrema direita. Em muitos países, observou-se um retorno dos comunistas ao poder, sob outros nomes. Isso não significava um retorno ao socialismo, mas, sobretudo, uma reação aos traumas dos ajustes econômicos neoliberais e também a busca da preservação de conquistas sociais logradas durante a vigência dos regimes comunistas, como a universalização do emprego, saúde, educação e habitação, bem como o avançado *status* da mulher.

Porém essas dificuldades não impediram um movimento em direção ao alargamento da UE para esta região. Em maio de 2004 ela recebeu dez novos membros: Lituânia, Letônia, Estônia, Polônia, República Tcheca, Eslováquia, Hungria, Eslovênia, Malta e Chipre. Contudo, se em termos econômicos estes países agregaram apenas 5% ao PIB da UE, ela crescerá 30% em população e território, aumentando a economia de escala para as companhias européias (mercados novos ainda não saturados). Além disso, estes territórios possuem grande potencialidade para um crescimento econômico rápido, diminuindo os custos de sua absorção.

Contudo o ingresso destes novos países torna necessário transformar os mecanismos decisórios da União, que são limitados para responder à realidade atual e que possivelmente se tornarão anacrônicos com esse alargamento. Os processos de tomada de decisão, por exemplo, enfrentam uma situação mais complexa ao serem discutidos temas como a política agrícola comum, inevitáveis devido ao ingresso de Estados do Leste Europeu. O alargamento implica também a emergência de uma integração continental menos profunda e, portanto, um relativo retrocesso. Ao mesmo tempo, permanecem dilemas referentes ao aprofundamento.

Diante desse acúmulo de problemas e da aceleração do tempo no plano internacional, imprimiu-se um ritmo novo na formulação de uma agenda para o aprimoramento das instituições comunitárias e um salto qualitativo no processo integrativo. Nesse contexto, por exemplo, pode-se apontar o Tratado de Nice, de dezembro de 2000, que formalizou a proposta de adesão de 12 novos Estados da Europa centro-oriental, e também projetos referentes à estruturação de uma força de defesa européia independente da Otan, o aprofundamento da integração, a criação de novas instituições e a adoção de uma política externa e de defesa comuns. Na oportunidade, o Tratado foi rejeitado pela Irlanda, que temia perder seus benefícios, e também se revelaram algumas diferenças político-estratégicas entre os principais membros da UE.

Especificamente, podemos mencionar a proposta alemã de reforço das competências político-institucionais da União, que criaria uma espécie de *megaestado* europeu. A França, ciosa de sua autonomia e temerosa de uma hegemonia alemã, rechaçou tal iniciativa, propondo em seu lugar uma Federação de Estados-Nação. Tal proposta seria uma espécie de meio-termo entre o maximalismo político alemão e o minimalismo econômico inglês, que tem defendido algo próximo a uma área de livre comércio, reduzindo o escopo da integração.

Mais complexo é o caso da Inglaterra, onde o governo trabalhista de Tony Blair e os conservadores discutem a possível adesão ao euro. Há um consenso sobre as complexidades que a questão envolve, o nacionalismo inglês e o papel da libra nas finanças internacionais. Mas as empresas transnacionais instaladas no país, particularmente as asiáticas, já advertiram que a não-adesão ao euro implicará, em poucos anos, a transferência das fábricas para o continente, uma vez que a libra se encontra sobrevalorizada. Blair solicitou um prazo para o debate, mas trata-se de uma questão que não poderá ser adiada indefinidamente.

Mesmo sem a Inglaterra, em meio a grandes festividades a moeda única européia, o euro, foi lançada em 1º de janeiro de 2002, com uma cotação minimamente inferior ao dólar norte-americano, mas posteriormente o ultrapassando. Embora alguns tenham lamentado o desaparecimento das moedas nacionais e, por conseqüência, tenha havido uma relativa perda de capacidade de atuação autônoma dos 12 países que a adotaram, e outros tenham minimizado seu impacto nas relações econômicas internacionais, o euro passa a constituir um importante elemento da economia mundial.

O euro é a nova moeda da Alemanha, França, Itália, Holanda, Bélgica, Luxemburgo, Espanha, Portugal, Irlanda, Finlândia, Áustria e Grécia, economias que isoladamente desempenhariam um papel modesto. Além da Inglaterra, os outros dois países da UE que ainda não o adotaram, Suécia e Dinamarca, devem fazê-lo futuramente, devido à pressão de suas empresas e grande parte da sociedade. Além disso, nos países do Leste Europeu e dos Bálcãs, onde o marco alemão era moeda corrente, o euro circula correntemente. Nesse sentido, o euro fortalece a economia alemã, ao mesmo tempo que acaba se tornando dependente dela.

Sendo um processo longamente preparado, o euro chega exercendo um impacto positivo para aprofundar a UE e consolidar um grande bloco econômico-comercial. Esse imenso espaço integrado criou uma economia de escala formidável para o desenvolvimento das empresas e do mercado financeiro europeus. Obviamente ele ainda não tem condições de competir com o dólar e ocupar sua posição. Na verdade, o euro nem pretende isso, mas sim se constituir numa alternativa à moeda americana. Além de ter sido adotado como uma das moedas de reserva de países como a China, Rússia e Japão, parte das transações internacionais se fará em euro. Pela primeira vez, desde a Segunda Guerra Mundial, o dólar terá um concorrente, relativizando o poder de controle dos EUA sobre a economia mundial.

Outra tendência integrativa é que a Europa logrou superar sua divisão ideológica, e consolidou a democracia liberal. A diversidade cultural, o elevado nível de instrução e qualificação da população e suas tradições históricas acumuladas constituem um valioso capital intelectual que capacita o continente a enfrentar os desafios da globalização. A Europa parece ensaiar uma resposta diferente do aprofundamento do neoliberalismo, que se esboça em outras regiões. Ela ainda possui o mais desenvolvido sistema de proteção social do mundo, e tem muito a perder com a "flexibilização".

Assim, além de prioridades como a segurança e a manutenção da paz, a luta contra o desemprego, o crime organizado, a exclusão social e a pobreza são questões estratégicas. Por outro lado, isso precisa ser relativizado, à medida que os resultados nesses campos não têm sido suficientes, o que gera um outro tipo de reação, desta vez nociva: a ascensão da extrema direita e de movimentos violentos e fundamentalistas.

A União Européia, por seu turno, seja pela retomada do protagonismo da esquerda, seja pela advertência de um eleitorado antiliberal, tem se oposto aos custos sociais da globalização neoliberal. A mobilização da esquerda contra o desemprego e a perda de direitos sociais cresceu paralelamente à extrema direita que defende a permanência do Estado nacional. Na França, chegou a haver um segundo turno entre a direita (Chirac) e a extrema direita (Le Pen), enquanto sólidos governos socialdemocratas vinham abaixo, como na Holanda, pois a "Terceira Via" no poder adotou políticas típicas de seus adversários conservadores. O temor à globalização e à imigração estrangeira parece estar por trás desses movimentos.

No plano diplomático, há uma transformação em curso,

discreta, mas sólida, que poderia levar a um novo protagonismo nas relações internacionais e a um intercâmbio diferenciado com os americanos. Busca-se um espaço seguro para que as companhias européias possam rivalizar com as norte-americanas sem recorrer a um *dumping* social, capaz de gerar situações políticas que comprometam a governabilidade e a estabilidade. Superar o estágio de "potência virtual" e falar com "uma só voz" têm sido questões também ressaltadas no discurso oficial europeu.

Nesse contexto, o relacionamento com os EUA e as questões de segurança envolvidas têm tido um impacto negativo considerável, dificultando uma visão mais autônoma. Na ausência da afirmação de uma postura da Europa, que hesita em ocupar um espaço político compatível com seu peso econômico (o "anão político e gigante econômico", referido por Willy Brandt), os americanos mantêm boa margem de iniciativa e capacidade estratégica. Renunciar à "proteção" americana, defendendo-se à própria custa, significaria gastos adicionais, além do fato de muitas elites européias deverem sua permanência no poder, ao final da Segunda Guerra Mundial, aos Estados Unidos.

Desde 1989, os EUA buscaram convencer a opinião pública da necessidade de se manter e expandir a Otan (conservando-a sob seu comando), ainda que com o desaparecimento do inimigo externo. Isso contrariou a visão de alguns líderes europeus, que a consideram um fardo estratégico-diplomático e financeiro. De acordo com essa visão, ela se apresenta como um instrumento de subordinação da Europa aos EUA, bem como um elemento de entrave à obtenção de um *status* de maioridade, o que retarda um salto qualitativo. Antecipando-se à UE, a Otan foi ampliada, incorporando, em 1999, países como a Polônia, a República Tcheca e a Hungria, e, em 2004, os países bálticos — a Eslováquia, a Eslovênia, a Romênia e a Bulgária —, o que reforça a presença americana. Daí o desejo europeu de criar um elemento de compensação, com a adesão da maioria destes países à UE, o que aumentará a influência da União sobre o Leste.

Economicamente, a União Européia constitui o mais autônomo dos blocos, o que ficou perceptível durante as negociações da Rodada Uruguai no GATT. Apesar disso, a UE possui vínculos privilegiados com os países ACP (África-Caribe-Pacífico, através das Convenções de Lomé), ao que se soma a ampliação do espaço comunitário para o Leste. A assinatura, em dezembro de 1995, do Acordo Marco de Cooperação UE-Mercosul também representa, do lado europeu, um esforço para evitar um isolamento maior, no atual quadro de disputas intrablocos, pois o estabelecimento da Área de Livre Comércio das Américas (Alca) seria prejudicial aos europeus. Da mesma forma, o diálogo Asem (Reunião Europa-Asean) tem estabelecido um novo vínculo estratégico entre as duas extremidades da Eurásia.

Essas tendências constituem, em certa medida, um desafio para os EUA, bem como o nacionalismo francês e sua postura diplomática em favor da autonomia européia. Com a eleição do neogaullista Chirac em 1995, os problemas se agravaram, pois a França procurou reafirmar sua capacidade nuclear, retomando os testes atômicos no Pacífico. Imediatamente se desencadeou a reação da mídia, a mobilização de grupos ecológicos e pacifistas como o Greenpeace (que não são neutros no jogo político mundial). O recuo francês ficou patente quando, em dezembro de 1995, a França voltou a integrar as instâncias decisórias da Otan. Contudo isso lhe seria útil mais tarde, quando George W. Bush tentou usar a Organização para atacar o Iraque, e a França e a Alemanha vetaram.

Há também um componente estratégico importante, que é a existência da já referida simbiose franco-alemã, o núcleo duro da UE: a Alemanha é desenvolvida no plano econômico-financeiro, enquanto a França é poderosa no plano estratégico, com armas nucleares, presença no Terceiro Mundo, indústria aeroespacial avançada e direito de veto no Conselho de Segurança da ONU. Por outro lado, o velho continente tem buscado obter certa autonomia, com a UE tentando se capacitar progressivamente para constituir um pólo autônomo num sistema multipolar. Da mesma forma, busca acercar-se da África, Rússia, Ásia e Oriente Médio, em particular como reação a iniciativas norte-americanas.

A percepção da necessidade desse novo protagonismo acelerou-se devido às atitudes unilaterais da administração George W. Bush. Mesmo com a retórica da guerra antiterror global, a política americana manteve sua tendência ao unilateralismo, o que gerou um crescente desconforto europeu, especialmente com a invasão ao Iraque em 2003, como se verá adiante. Talvez o processo de busca de autonomia esteja avançando sem que a Europa conscientemente o desejasse ou sem que tenha uma visão clara do problema. A mudança das regras do relacionamento pelo aliado transatlântico é que está precipitando os acontecimentos.

11. A Ásia representa um desafio ao Ocidente? De que tipo?

A Ásia Oriental constituiu a única região do mundo a conhecer um crescimento econômico expressivo desde o início da crise e reestruturação capitalistas da década de 1970. Numa perspectiva histórica, este desenvolvimento é parte de um movimento maior de renascimento das civilizações locais. É nesse quadro de reordenamento mundial que a Ásia-Pacífico, particularmente a Ásia Oriental, emerge como "nova fronteira" da economia mundial e um desafio à ordem mundial anglo-saxônica. No fundo, o alvo da preocupação ocidental são os elementos constitutivos do chamado "modelo asiático".

Nos anos 1970, enquanto ocorria a reaproximação sino-americana sob o efeito da RCT e dos esforços japoneses para adequar-se ao novo contexto, estruturava-se uma nova geografia regional. As economias de Taiwan, Coréia do Sul, Hong Kong e Cingapura foram associadas ao Japão através de uma divisão do trabalho. Os quatro Tigres (ou "pequenos dragões") receberam o repasse das indústrias da fase japonesa anterior, através das empresas transnacionais. O Japão passou, então, a dinamizar a região e a associar-se a economias de apoio, as quais lhe permitiram manobrar diante das pressões norte-americanas.

Por sua vez, os EUA, para compensar os aliados da aproximação com a China e manter o controle sobre a área, também investiram nos Tigres. Implicitamente, eles buscavam utilizá-los como plataformas de exportação, visando a penetrar no mercado japonês, bem como enfrentar a concorrência deste. A tendência dominante, entretanto, viria a ser a da articulação dos Tigres com a economia japonesa, fornecendo componentes a preços baixos para salvar sua competitividade, ameaçada pela política do dólar, pela crise do petróleo e pelo surgimento de tendências protecionistas nos EUA.

O desenvolvimento industrial dos Tigres transformou seu papel de fornecedores de produtos primários e insumos. Sobre esse processo, o economista japonês Saburo Okita cunhou a expressão *revoada dos gansos*. O "ganso líder" seria o Japão, o qual ocuparia o vértice de um "V" invertido, secundado pelos outros "gansos" a decolar e integrar a formação: Taiwan, Coréia do Sul, Hong Kong e Cingapura. Estes, por sua vez, seriam seguidos por novos "gansos": os países da Ansea.[7] Pressionado pela valorização do iene, o Japão também amplia sua atuação, buscando a Austrália, lançando as Conferências sobre Comércio e Desenvolvimento do Pacífico (Pactad) e as Conferências sobre Cooperação Econômica do Pacífico (PECC), que se tornaram um importante fórum informal de cooperação regional.

Apesar de o Japão liderar as economias da Ásia-Pacífico, as elites dirigentes dos Tigres não se satisfizeram com as condições de sua economia tributária, o que impediu uma maior aproximação política. Estes países continuaram seu esforço industrializante, copiando muitos elementos do paradigma japonês. Os Tigres não teriam superado a condição de NPIs, se não fosse a determinação de seus grupos dirigentes, que dotaram sua industrialização de novas características desenvolvimentistas que viabilizaram a concorrência com o próprio Japão.

---

[7]Associação de Nações do Sudeste Asiático, que então englobava Tailândia, Malásia, Cingapura, Indonésia, Filipinas e Brunei, às quais se agregaram posteriormente Vietnã, Camboja, Laos e Mianmar (Birmânia).

A propósito desse desenvolvimento industrial, é necessário ressaltar alguns aspectos que conformam o chamado modelo asiático. A noção de mercado capitalista encontra-se invariavelmente associada à de Estado forte, regulador, planejador e intervencionista, baseado em regimes personalistas, autoritários e fundados em partidos únicos. A receita obtida com as exportações foi acumulada para fomentar a industrialização, o mercado interno era fortemente protegido (para evitar a perda de divisas), o Estado, associado às empresas privadas, investiu maciçamente em tecnologia e formação de mão-de-obra especializada, e as empresas dos ramos estratégicos da economia foram agrupadas em conglomerados empresariais de caráter fortemente oligopólico, denominados na Coréia de *Chaebol*.

Além disso, a legitimidade dos dirigentes políticos funda-se na eficácia governamental; há um contrato social entre a população e o Estado, em que a lei e a ordem são oferecidas em troca do respeito à autoridade; desenvolve-se a autoconfiança nos trabalhadores, sem um excesso de benefícios estatais; a imprensa deve ser livre, mas responsável, e o individualismo excessivo do Ocidente deve ser rejeitado em favor dos direitos da comunidade. Mais ainda, os direitos humanos são considerados universais e abrangentes, abarcando os aspectos econômicos, sociais, culturais, civis e políticos, de forma indivisível, ao contrário do Ocidente, que os encara primordialmente pela ótica individual.

No plano internacional, esses regimes insistem cada vez mais nas noções de soberania e de não-ingerência nos assuntos internos, embora achem positiva a presença americana na segurança, como forma de manter a paz e a estabilidade, indispensáveis à continuidade do desenvolvimento. As questões da democracia e do mercado, que aparentemente introduzem uma clivagem entre Ocidente e Oriente, constituem, na verdade, uma oposição Norte-Sul. Novos países periféricos, não-ocidentais, ascendem, num momento em que o antigo Primeiro Mundo parece envelhecer.

Como se pode observar, o desenvolvimento capitalista da Ásia Oriental teve muito pouco a ver com o ideário liberal. Da mesma forma, a conjuntura da Guerra Fria trouxe a esses países uma série de benefícios que, historicamente, foram negados à América Latina e à África. Todos eles tiraram o máximo proveito econômico de seu alinhamento diplomático-militar, o que não constitui, certamente, uma virtude do mercado. O essencial é fixar que se tratava de um modelo misto de desenvolvimento, inserido numa economia mundial relativamente aberta, e que gozava de privilégios políticos específicos. E, em especial, deve-se destacar o modelo híbrido chinês.

Nos anos 1970, o Partido Comunista da China (PCC) introduziu uma série de mudanças, após a morte de Mao, em 1976, e a ascensão dos reformistas liderados por Deng Xiaoping. Essa nova linha representava uma mudança profunda de estratégia, evoluindo da busca de autonomia e independência à modernização. Em 1978, o país adotou a política das Quatro Modernizações: indústria, agricultura, tecnologia e forças armadas. Entre as suas prioridades estavam a descoletivização gradual da agricultura, a introdução de uma economia mercantil dentro de uma estrutura socialista e a criação de áreas específicas, geralmente províncias costeiras, com legislações próprias para a captação de capital, empresas e tecnologia estrangeiras, destinadas sobretudo à exportação, as Zonas Econômicas Especiais (ZEEs).

Política e economicamente o país buscava unir-se ao dinamismo da revolução tecnológica, associar-se à "decolagem dos 'gansos'" e tirar o máximo de benefícios econômicos e estratégicos da aliança com os EUA e da normalização de relações com o Japão. Nessa época, o Japão ingressava decisivamente na RCT, concentrando-se nas áreas da informática, automobilística, robótica e outros setores de ponta. Os Tigres desenvolviam a segunda fase japonesa, a do aço, a produção naval, de automóveis, motores, produtos elétricos e outros de tecnologia mais avançada.

Nesse sentido, a China associou-se a esse movimento, recebendo investimentos e indústrias japonesas e ocidentais, desempenhando um papel econômico semelhante ao que fora o dos Tigres, explorando suas vantagens comparativas e competindo em alguns campos com os países da Ansea. Adicionalmente, a China procurou alternativas, como a normalização política que se seguiu aos acordos de paz do Camboja em 1992 e terminou com o isolamento da Indochina.

Essa nova dimensão diplomático-estratégica, associada ao dinamismo econômico, propiciou o acercamento sino-vietnamita e uma crescente cooperação. Por sua vez, o Vietnã tem um modelo próximo do chinês, restabeleceu relações com os EUA em 1995, ingressou na Ansea e, assim, se integrou à economia mundial. Embora a mídia faça referência a um "expansionismo chinês", tanto os interesses econômicos como a criação de um diálogo permanente no campo da segurança têm gerado uma situação de crescente cooperação entre a China e o Sudeste Asiático.

Em termos econômicos, para sua arrancada, a China possuía uma base industrial considerável (siderurgia, máquinas e bens de consumo), apesar de insuficientemente modernizada, produção de energia, uma rede de transporte razoável e alguns núcleos tecnológicos satisfatórios. A manutenção da estrutura socialista paralela e de um considerável volume de população vivendo no campo permitiram que dispusesse de uma mão-de-obra abundante a um custo extremamente baixo, o que viabilizou a elevada competitividade (o baixo salário nominal não reflete a situação real dos trabalhadores chineses). Este é o significado profundo da ambígua expressão *economia socialista de mercado*, que consiste na *descentralização do planejamento* (estabelecendo trocas entre campo e cidade) e na *centralização do mercado* (integração dos mercados regionais num mercado nacional).

Além da base material e da estabilidade sociopolítica construídas pelo regime socialista, a China tinha ainda a possibilidade de utilizar outros trunfos, como os que haviam favorecido o desenvolvimento de Taiwan, Hong Kong e Cingapura: a diáspora chinesa e seus imensos recursos financeiros. Ao alterar suas políticas, os comunistas de Pequim não apenas reinseriam o país no concerto das nações, como multiplicavam os sinais de confiança destinados a atrair investimentos, em especial desta diáspora. Surge o conceito de um capitalismo internacional chinês. Com a introdução do princípio de

uma nação, dois sistemas, Pequim conseguiu negociar com êxito a reincorporação dos dois últimos enclaves coloniais, Hong Kong em 1997 e Macau em 1999. A associação com Taiwan é o próximo objetivo.

Os resultados das reformas e da abertura logo se fizeram sentir: nos anos 1980, o país passou a exportar alimentos e vem conhecendo um notável crescimento econômico, que desde aquela década tem sido de quase 10% ao ano, mesmo quando o conjunto da economia mundial às vezes tende à estagnação ou ao retrocesso. O impacto da inserção da China é imenso devido a seu peso econômico, populacional e por sua dimensão continental, e o país possui superávit comercial sobre o Japão e os EUA. O problema, entretanto, não diz respeito apenas ao peso da China, mas principalmente às características de seu projeto e *status*. A RPC é o único país em desenvolvimento que se encontra no núcleo do poder mundial: ela faz parte do CS da ONU como membro permanente com poder de veto e é dotado de uma indústria aeroespacial, um sistema autônomo de mísseis e arsenal nuclear.

Além disso, em 2002, depois de 15 anos de negociações, a China ingressou como membro da OMC como país em desenvolvimento, ao lado de Taiwan, que obteve *status* especial como região não-independente. Com seu ingresso, a China facilita ainda mais a inserção do seu dinâmico comércio no mercado mundial. Complicadas negociações bilaterais darão lugar ao uso das regras multilaterais, fazendo com que certas ameaças de retaliação unilaterais sejam discutidas no fórum competente, dentro de critérios técnicos (ainda que isso não elimine a dimensão política).

Por outro lado, o país sofre um desafio tremendo, tendo que reestruturar e reforçar seu setor financeiro, agora mais exposto à globalização. Da mesma forma, tem que aceitar certa fiscalização quanto a questões como patentes e outras normas não-tarifárias. Por fim, sua adesão implica ampliar a abertura de seu mercado interno, o que ameaça os setores menos competitivos. Trata-se de um processo complexo que dependerá da capacidade do país de enfrentar os novos desafios, tirar proveito das virtuais oportunidades e, *last but not least*, promover as devidas alianças dentro da organização na discussão de determinados temas. Nesse aspecto, a entrada da China na OMC pode (e já está sendo) muito vantajosa para o Brasil e outros países em desenvolvimento. Trata-se de um aliado de peso para certas teses defendidas até agora sem sucesso pelo frustrado Terceiro Mundo. A correlação de forças pode vir a ser alterada com o ingresso da China e, possivelmente, com o futuro ingresso da Rússia.

Mesmo com essa modernização e inserção internacional avançada, existem outros problemas: o desmantelamento das comunas populares e a descoletivização do campo conduziram ao aumento da produção, mas criaram enormes desigualdades sociais e uma parcela de camponeses sem-terra, que se tornaram assalariados ou migrantes, marginalizados nas grandes cidades. Num país com mais de 800 milhões de camponeses, isto constitui um problema grave. Assim, existem tendências desestabilizadoras que são fruto do acelerado crescimento econômico, urbano e populacional, da introdução dos mecanismos de mercado e da sua compatibilização com a ordem política vigente.

No plano internacional, é forçoso observar que o "bloco" asiático não constitui um processo de integração institucionalizado, como a UE e o Nafta, mas um conjunto de economias articuladas, apoiadas em vínculos de mercado, que acaba funcionando como uma espécie de regionalismo aberto, baseado, por sua vez, numa série de arranjos que poderiam ser denominados de minilateralismo seletivo. A Apec (Cooperação Econômica da Ásia-Pacífico), fundada em 1989, representa a principal forma de articulação regional até o momento. Em sua reunião de 1994, decidiu-se estabelecer uma Área de Livre Comércio na Ásia-Pacífico, com um período de adaptação até 2010 para os países desenvolvidos e 2020 para os países em desenvolvimento.

A Apec faz parte da estratégia norte-americana para a região, que implica o estabelecimento de uma nova balança de poder entre seus atores significativos: Japão, a China, a Rússia, a Asean e os EUA, que liderariam tal esquema. Ao mesmo tempo, tal iniciativa busca eliminar os obstáculos às exportações americanas, intensificando igualmente a interdependência econômica. Conscientes da emergência desse quadro, os líderes chineses buscam melhores relações com o Japão e a Rússia, com a concomitante modernização de sua capacidade militar, visando a conter a hegemonia norte-americana sem, contudo, abandonar seus benefícios econômicos.

Os problemas e perspectivas da Ásia-Pacífico não podem, contudo, ser avaliados unicamente a partir da perspectiva econômica. A segurança regional levanta uma série de interrogações que, provavelmente, condicionarão essas possibilidades. A ascensão econômica da China, reforçando o incremento e a modernização de seu potencial militar e, em conseqüência, ampliando sua autonomia político-diplomática, passou a preocupar particularmente os EUA, num cenário internacional de contornos pós-hegemônicos, que em muitas ocasiões eleva o nível de tensão bilateral.

Tal problema também afeta os Estados da Ansea, que têm conhecido pressões políticas que visam a seu sistema econômico. Enquanto os EUA e outros países levantam contra a China acusações de violação dos direitos humanos, os Estados do Sudeste Asiático têm sido acusados de não respeitar os direitos trabalhistas, o que diminuiria as vantagens comparativas dos demais países. Devido a obstáculos desse tipo e em face de determinados perfis que se esboçam na ordem internacional emergente, a Malásia e outros países da região têm procurado rearticular o Movimento dos Países Não-Alinhados e a cooperação Sul-Sul, dotando-os de novas estratégias e agendas.

O Japão, por outro lado, tem procurado minimizar as conseqüências de seu passado militarista, que prejudicam suas relações regionais. Além disso, Tóquio parece preferir a Apec, uma organização mais informal, como forma de contornar a estratégia americana. Contudo o traço mais significativo em relação ao Japão no pós-Guerra Fria foi o advento de uma recessão prolongada, o envelhecimento populacional e o esgotamento do consenso e do sistema social e político construídos durante a Guerra Fria. Além disso, os EUA preferem que o Japão se aproxime do regionalismo via Apec, e que sua interdependência bilateral enseje a criação da economia *Nichibei* (*Nihon*, Japão, e *Beikoku*, EUA).

No âmbito geopolítico, a península coreana constitui outra região sensível, sobretudo com as possibilidades de reunificação e da associação econômica mais íntima com as regiões vizinhas, em particular a China. Desde o início da década, tiveram início contatos de alto nível entre as duas Coréias, no contexto do ingresso de ambas na ONU em 17/9/1991, e da assinatura de um pacto de não-agressão e reconciliação. Em julho de 2000, seguiu-se uma reunião de cúpula, devendo-se avaliar as perspectivas da área.

Com relação à Coréia do Norte, o fim da Guerra Fria e a crise do socialismo, somados à reaproximação do Sul com a China (formalizada com o reatamento diplomático em 1992), deixaram-na diante de graves dificuldades econômicas e políticas. Tal crise, sobretudo após a morte do líder Kim Il Sung, em 1994, a qual se seguiram dois anos de enchentes devastadoras e um terceiro com a maior seca do século — que geraram um problema alimentar —, introduziu novas dimensões no jogo regional.

Nessas condições desvantajosas, ela passou a lançar mão de recursos sutis para melhorar sua posição de barganha, tais como a questão dos reatores nucleares, dos mísseis, e incidentes militares limitados. Kim Jong-Il, filho do falecido presidente, buscava consolidar sua autoridade, e o país continuava a manter contatos com os EUA, embora encenasse a manutenção da rivalidade e da questão nuclear. Adicionalmente, sem que a estrutura socioeconômica do país tenha sido alterada, o governo norte-coreano tenta atrair investimentos estrangeiros para o estabelecimento de *joint-ventures* e a abertura de uma ZEE junto ao rio Tumen.

Por seu lado, a Coréia do Sul é pressionada pelos norte-americanos para uma maior abertura da economia, tendo sido surpreendida em 1997 pela crise asiática, que examinaremos adiante. O país teve de recorrer ao FMI, o que foi considerado uma humilhação nacional. A crise teve de ser administrada pelo novo governo democrático de Kim Dae Jung, em meio aos efeitos da globalização, que atingiam os bancos, as indústrias e a força de trabalho coreana. Foram momentos difíceis, mas, ainda que se submetendo aos ditames do FMI — que incluía a venda de empresas endividadas —, o grupo dirigente e a sociedade coreana lograram o grau de unidade necessário para manter o projeto nacional que, em vinte anos, transformou um país agrícola e atrasado numa das maiores economias industriais do mundo.

O mais interessante foi o pagamento da última parcela da dívida, num total de 20 bilhões de dólares, em setembro de 2001. Foi promovido um concerto, transmitido pela televisão e com a presença do presidente, em comemoração ao fato. Não apenas o orgulho coreano foi restaurado, mas a retomada das rédeas na condução da economia é considerada uma questão estratégica. Contudo esta recuperação ainda não é completa, e está ameaçada pela estagnação econômica do Japão e dos EUA.

Ao mesmo tempo, enfrentando imensas adversidades internacionais, o governo de Seul lançou a Sunshine Policy, voltada à aproximação, distensão e cooperação com a Coréia do Norte, retomando conversações interrompidas há vários anos. Imensos progressos foram obtidos, até que a administração Bush reavivou as tensões na península, literalmente o último muro da Guerra Fria, bloqueando durante alguns meses os entendimentos já obtidos. Mesmo assim, Seul soube apoiar a luta contra o terrorismo após 11 de setembro, recusando-se, contudo, a participar de iniciativas militares.

A despeito da aproximação, nenhum governo (inclusive os dos próprios países) deseja a reunificação das duas Coréias, principalmente no curto prazo. O Sul teme os custos econômicos de uma eventual anexação, migrações do Norte para o

Sul e o ingresso de uma população esquerdista no cenário político. O Norte, inferiorizado economicamente, provavelmente seria apenas anexado e, portanto, rejeita a iniciativa. O Japão, por sua vez, teme os refugiados que o colapso do Norte produziria. Além disso, a Coréia do Sul atingiu tal nível de desenvolvimento que passou a ser vista como um concorrente, assumindo também formas próprias que não são do agrado de Washington, como a crescente vinculação à economia chinesa. A unificação da península criaria uma nova potência regional de porte demográfico, econômico e militar (possivelmente também nuclear).

No caso da China e da Rússia, busca-se evitar o colapso do Norte, mas igualmente a tensão nas relações intercoreanas, que propiciariam o reforço da presença militar norte-americana, em particular a implantação do sistema antimísseis, claramente dirigido contra esses países. Mesmo os EUA consideram desaconselhável uma reunificação. A instabilidade que a mesma geraria, nessa região estrategicamente sensível, se somaria às dificuldades em justificar a presença militar que, em realidade, visa, sobretudo, a manter o controle sobre a Coréia do Sul, um "Tigre" bem-sucedido, que se aproxima cada vez mais do Dragão chinês. Finalmente, os governos das duas Coréias necessitam da divisão como forma de legitimar-se internamente, invocando legislações de Estado de emergência.

Na Ásia, o sucesso econômico do "modelo asiático" (tanto em sua variante capitalista como socialista) e a ascensão da China à condição de potência têm preocupado os EUA, pois Pequim e outras capitais asiáticas têm criticado explicitamente a construção de qualquer sistema mundial baseado em hegemonias. A China tem capacidade militar e nuclear capaz de sustentar atitudes autônomas, o que se somou à eficácia do modelo de desenvolvimento, ensejando a emergência de conceitos como *conflito de civilizações*, formulado pelo norte-americano Samuel Huntington. Segundo este acadêmico politicamente influente, o Ocidente precisa unir-se (sob comando americano) para fazer frente ao perigo representado por uma eventual convergência da civilização confuciana com a islâmica.

Assim, a Ásia Oriental representa um elemento ambíguo, profundamente inserido na ordem mundial, mas gerando, ao mesmo tempo, um pólo econômico e diplomático-militar poderoso e um modelo alternativo, tanto na dimensão doméstica como internacional.

12. A América Latina caminha para a integração, a desintegração ou a absorção?

A situação latino-americana no início do século XXI aponta para três cenários possíveis: uma integração regional autônoma tendo o Mercosul como núcleo duro; um colapso e desintegração generalizados, como no caso da Argentina, ou uma espécie de absorção pelos Estados Unidos, com a construção da Alca. Em capítulo anterior, já abordamos os fatores de desintegração em escala continental, e posteriormente abordaremos a crise atual do neoliberalismo. Resta, portanto, discutirmos as perspectivas que se abrem com a disputa estratégica pelas duas formas propostas de integração.

O retorno da democracia na Argentina e no Brasil, com os presidentes Raúl Alfonsín e José Sarney, ocorreu numa conjuntura adversa do ponto de vista econômico e diplomático. A crise da dívida fazia com que os países latino-americanos fossem extremamente vulneráveis às pressões do Fundo Monetário Internacional e do Banco Mundial, num quadro de graves dificuldades econômicas, enquanto o conflito centro-americano permitia ao governo Reagan trazer a Guerra Fria para o âmbito hemisférico, o que lhe possibilitava também utilizar instrumentos diplomáticos e militares para exercer uma pressão suplementar sobre a América Latina.

Em 1985, através da Declaração de Iguaçu, foi estabelecida uma comissão para estudar a integração entre os dois países e, em 1986, assinada a Ata para Integração e Cooperação Econômica, que previa o aumento e a diversificação das trocas comerciais. Fruto deste esforço, em 1988, foi firmado o Tratado de Integração, Cooperação e Desenvolvimento Brasil-Argentina, que previa o estabelecimento de um Mercado Comum entre os dois países num prazo de dez anos. O que estava por trás dessa cooperação, a par dos fatores já apontados, era a marginalização crescente da América Latina no sistema mundial, a tentativa de formular respostas diplomáticas comuns aos desafios internacionais, a busca de complementaridade comercial, a criação de fluxos de desvio de comércio e um esforço conjunto no campo tecnológico e de projetos específicos.

O final da década de 1980 propiciou a aceleração do processo de globalização, da competição econômico-tecnológica entre os países desenvolvidos e da formação de blocos econômicos. Com isso, a já difícil situação internacional da América Latina agravou-se ainda mais e, como conseqüência, a diplomacia brasileira buscou um novo modelo de inserção internacional. Durante o governo Collor (1990-1992), houve inicialmente uma convergência com as propostas norte-americanas para o estabelecimento de uma Nova Ordem Mundial, que, no caso da América Latina, era expressa pelo Consenso de Washington.

Como em outras vezes na história diplomática do país, a análise feita pelo novo governo neoliberal brasileiro estava equivocada ao acreditar que, quanto mais fosse oferecido aos Estados Unidos, mais seria recebido em troca. Essa idéia se baseava na velha concepção de uma aliança privilegiada com a Casa Branca, e também de que os EUA haviam vencido a Guerra Fria, e não na emergência de uma ordem mundial pós-hegemônica, como era o caso.

Em 1990, o presidente Bush lançou a Iniciativa para as Américas, aventando a criação de uma área de livre comércio do Alasca à Terra do Fogo. Tratava-se de uma estratégia destinada a reagir à construção da União Européia e à ascensão da Ásia Oriental, como forma de permitir a Washington reafirmar sua hegemonia mundial no pós-Guerra Fria. Para enfrentar esses desafios, os EUA precisavam articular um espaço econômico exclusivo e incrementar suas exportações, como um dos mecanismos necessários para reciclar sua base produtiva e tecnológica e gestar formas menos custosas de manter sua hegemonia mundial.

Tal processo já se havia iniciado com a integração da América do Norte: em 1988, foram firmados acordos de cooperação entre os EUA e o Canadá e, em 1990, iniciaram-se as discussões com o México. Essas iniciativas culminariam em 1º de janeiro de 1994 com a implantação do Acordo de Livre Comércio da América do Norte (Nafta). A estratégia americana, definida por Alfredo Valladão como *a estratégia da lagosta*, necessita da América Latina como ponto de apoio para a recuperação de sua economia no plano global, uma vez que a UE é bastante protecionista, a Ásia é mais competitiva e a África, o Oriente Médio e o antigo campo soviético encontram-se fortemente debilitados economicamente.

A resposta brasileira a esses novos desafios e aos efeitos negativos decorrentes da inserção mundial de cunho neoliberal implantada pelo governo Collor proveio da atuação compensadora do Itamaraty (o Ministério das Relações Exteriores brasileiro) e materializou-se com a aceleração e ampliação da integração Brasil-Argentina. Em março de 1991, foi assinado o Tratado de Assunção, que criava o Mercado Comum do Sul (Mercosul), reunindo Brasil, Argentina, Paraguai e Uruguai. O Tratado iniciava a redução tarifária de todos os produtos e previa para 31 de dezembro de 1994 o estabelecimento definitivo de um Mercado Comum entre os quatro países, com a liberalização completa do comércio intra-regional e adoção de uma tarifa externa comum. Note-se que o prazo inicial previsto pelos acordos Sarney-Alfonsín fora reduzido quase pela metade.

Com o *impeachment* do presidente Collor e o estabelecimento do governo Itamar Franco (de 1992 a 1995), bem como pelos resultados predominantemente negativos e pela frustração decorrente da aliança com Washington e da estratégia neoliberal de desregulamentação da economia, privatizações e abertura unilateral ao mercado internacional, era natural

uma mudança de rumos mais acentuada na política externa. A nova diplomacia procurava manter os desacordos com os EUA num baixo perfil, confrontando apenas os problemas pontuais.

O Mercosul possui uma população de 210 milhões de habitantes e uma superfície de quase 12 milhões de quilômetros quadrados, dotados de imensos recursos naturais e energéticos. Seu PIB, ainda que quantitativamente modesto em comparação com o da UE e o do Nafta, tem crescido num ritmo superior a estes, adquirindo um peso significativo nas décadas seguintes. A isso se devem agregar o Chile e a Bolívia, que se associaram ao Mercosul nos anos 1990. Quanto à sua estrutura institucional definitiva, foi estabelecida pelo Protocolo de Ouro Preto em 17 de dezembro de 1994, o qual marcou o encerramento do período de transição. Em seus primeiros anos de existência, o Mercosul incrementou significativamente o comércio entre seus membros, conseguiu se tornar um fator de atração de capitais e, sobretudo, de manutenção de um parque industrial na região, o que evitou, em parte, o terrível efeito desindustrializante que tem acompanhado a globalização nas regiões periféricas.

As instituições decisórias, que operam por consenso, algumas vezes são consideradas "inferiores" e "menos desenvolvidas" que as da União Européia, o que hipoteticamente denotaria uma fragilidade intrínseca ao processo de integração dos países do Cone Sul. Trata-se de uma apreciação equivocada, pois esta foi a fórmula que possibilitou o avanço rápido da integração, e sua fragilidade é decorrente das políticas econômicas neoliberais praticadas pelos quatro países integrantes, e não da integração em si mesma.

No plano diplomático, apesar do discurso integracionista existente desde as independências das nações latino-americanas, há uma certa tradição individualista. Instituições supranacionais no Mercosul seriam percebidas como uma renúncia de soberania, que os Estados-membros não estariam dispostos a permitir. Através da manutenção dos mecanismos intergovernamentais de decisão, o Brasil buscava obter também um efeito multiplicador em sua atuação internacional. Além de atuarem como bloco regional, os países-membros continuam a falar com voz própria (dentro de uma política comum). No que diz respeito a Uruguai, Paraguai e Argentina, o maior peso relativo do Brasil faz com que se sintam mais seguros com a vigência de uma prática decisória intergovernamental.

Há também que considerar que não existe ainda uma *mentalidade comunitária*, que só lentamente se está formando. São apenas quatro países, por enquanto, e não se dispõem no momento de funcionários com tal mentalidade, que esteja acima de suas preferências nacionais, uma vez que também o processo de integração é bastante recente. Finalmente, é preciso assinalar que a existência de órgãos decisórios intergovernamentais, em lugar de rígidas instituições supranacionais, tem propiciado um rápido avanço do processo de integração. Nesse sentido, os mecanismos mais flexíveis têm permitido um melhor aproveitamento de uma conjuntura favorável comum.

É preciso considerar, contudo, que a inegável eficácia das instituições decisórias de caráter intergovernamental não teria sido atingida sem a adoção de mecanismos de consenso. Embora a decisão consensual implique inicialmente um maior esforço e signifique um maior gasto de tempo, ela possui vantagens importantes. Durante as negociações, todos os atores se sentem mais seguros e — quando, após grande esforço, se chega a um consenso — comprometidos com a implementação (não se gerando minorias derrotadas ressentidas). Obviamente, uma estratégia consensual exige uma criatividade negociadora permanente, mas é isto justamente o que gera um *processo*, o que representa um exercício mais rico do que a pura e simples votação ponderada. Dessa forma, o sistema de consenso revela-se um mecanismo agregador por excelência.

A inexistência de instituições supranacionais, contudo, também apresenta certos inconvenientes. No contexto da tradição histórica autocentrada de cada país latino-americano, a ausência de organismos supranacionais pode tornar o conjunto mais vulnerável a pressões externas, o que está se tornando uma questão crucial. Isso, de certa forma, constitui um problema ainda sem alternativas, uma vez que tais instituições necessitam de tempo para serem geradas. O Mercosul não pode copiar o modelo europeu, pois as duas realidades são muito diferentes, mas, obviamente, deve contar com a experiência das instituições da União Européia. Além disso, em face da ideologia neoliberal do "Estado mínimo", que emana dos países anglo-saxões como modelo para o Sul, o Mercosul, como área em desenvolvimento, deve defender a existência de um Estado articulador e orientador do desenvolvimento econômico e da integração regional.

Em 1993 o governo Itamar Franco lançou duas iniciativas importantes, a Área de Livre Comércio Sul-Americana (visando a associar o Mercosul e a Comunidade Andina) e a Zona de Paz e Cooperação do Atlântico Sul (Zopacas), que previa a associação com a África Austral pós-*Apartheid*. Ambas as iniciativas avançaram alguns anos depois, estabelecendo um projeto de integração sul-americana, com cooperação com a África Austral.

Mas o Mercosul não representa a única estratégia de integração em curso. Em dezembro de 1994, na cúpula de Miami, o presidente Clinton retomou a proposta da criação de uma zona hemisférica de livre comércio, que receberia a denominação de Área de Livre Comércio das Américas (Alca). Na reunião, o Brasil defendeu a futura convergência e cooperação entre os diversos projetos de integração existentes, rechaçando a possibilidade de acordos bilaterais com os Estados Unidos. Além disso, o Itamaraty tratou de assegurar que mesmo este acercamento não deveria implicar a excludência de contatos e acordos com outras áreas, como a União Européia. Nesse sentido, em face do avanço da estratégia norte-americana, o Mercosul iniciou negociações com a União Européia, que culminaram com a assinatura do primeiro acordo interblocos econômicos, o Acordo Marco Inter-regional de Cooperação União Européia-Mercosul, assinado em Madri em dezembro de 1995.

Como não poderia deixar de ser, os resultados bastante positivos no campo econômico para o Mercosul e a colaboração com outros núcleos de integração, num quadro de crescente competição econômico-tecnológica no Norte, o têm levado a crescentes divergências com os EUA. Não se trata apenas da constante ampliação das relações comerciais intra-

Mercosul, mas de outros elementos. Esta integração tem se expandido geograficamente, tem se aprofundado e cumprido geralmente o cronograma estabelecido e tem se ampliado socialmente. Hoje também existe uma *integração pela base*, em que interagem novos atores sociais e políticos, e contatos cada vez mais intensos de *sociedade a sociedade*. De mais a mais, parece ficar cada vez mais claro que o Mercosul tem como objetivo implícito a *manutenção de uma base industrial dentro de seu território*, criando condições para que as empresas transnacionais permaneçam aqui.

Além desses sólidos avanços, os acordos do Mercosul com outras áreas — por exemplo, com a Europa e a Ásia Oriental — inquietam sobremaneira os Estados Unidos. Assim, desde fins de 1996, mas sobretudo após o início do segundo mandato do presidente Clinton, Washington tem atacado o Brasil

e o Mercosul por suas práticas comerciais e seu acercamento a outros processos de integração. Nesse debate áspero, o Brasil tem argumentado que o Mercosul, que almeja um mercado comum, constitui um projeto mais profundo de integração do que o Nafta, que não passa de uma área de livre comércio, razão pela qual não poderia ser abandonado (para uma adesão país a país ao Nafta) nem absorvido pela América do Norte. A resposta da Casa Branca tem sido renovar o poder de atração do Nafta através da promessa de aprovação do *Fast Track*, sobretudo para o Chile. A cooperação com a UE e a Ásia, por seu turno, tem sido duramente atacada pelos Estados Unidos.

O Mercosul constitui o primeiro objetivo da política externa do Brasil; a busca de novos acordos hemisféricos, o segundo, e os vínculos extracontinentais, o terceiro. Esse foi o espaço de manobra que restou à diplomacia brasileira, que deve resistir às pressões norte-americanas aprofundando a cooperação no âmbito do Mercosul e ampliando seus vínculos externos. Assim procedendo, o Mercosul tem passado a influenciar a competição internacional, ainda que seu peso relativo seja modesto, pois se trata de um elemento heterodoxo no atual cenário mundial.

Sua importância pode ser inferida do discurso do presidente Clinton ao Senado no início de 1997, quando foi pedir a aprovação do *Fast Track*: "Precisamos agir, expandir as exportações para a América Latina e Ásia, as duas regiões que crescem rapidamente, ou ficaremos para trás à medida que essas economias fortalecerem seus laços com outros países." Ou seja, para os países latino-americanos, a integração com os EUA significa tornarem-se importadores de produtos norte-americanos.

A Alca,[8] uma iniciativa estratégica do Estado norte-americano (mais que dos seus empresários), visa a subordinar a América Latina aos EUA para dar a este país uma posição mais forte em relação à Europa Ocidental e à Ásia Oriental, afastando tais regiões do hemisfério americano. O país mais afetado pelo processo seria o Brasil, pois ele concorre com os EUA e pode vir a liderar um bloco sul-americano e a adesão eliminaria a possibilidade de um projeto nacional brasileiro. E o problema é que as negociações da Alca avançaram durante sete anos sem que o conteúdo das mesmas fosse de conhecimento público, o que só ocorreu em 2001, quando Clinton tentou antecipar, sem sucesso, o prazo final para a conclusão do processo, que é 1º de janeiro de 2005. A Alca significaria, igualmente, o fim do Mercosul.

[8]As negociações da Alca são constituídas pelos seguintes grupos: serviços, investimentos, compras governamentais, acesso a mercados, agricultura, direitos de propriedade intelectual, subsídios, *antidumping* e medidas compensatórias, políticas de compensações e resolução de disputas. Ver Vizentini, Paulo, e Wiesebron, Marianne (orgs.). *Free trade for the Americas? The United States' push for the FTAA Agreement*. Londres: Zed Books, 2004.

De certa forma, pode-se dizer que a Alca segue basicamente o modelo do Nafta e é uma extensão do mesmo ao Caribe (exceto Cuba) e às Américas Central e do Sul. Ela não possui nenhuma similitude com a UE, pois não prevê fundos de compensação para regiões e setores produtivos prejudicados pela integração, nem uma cidadania comum ou livre trânsito de pessoas. Além do mais, a assimetria entre os EUA e os demais países é imensa, pois este país deteria mais de três quartos da economia do bloco. Também é importante mencionar que a adoção da Alca não permitiria mais aos países latino-americanos nenhuma reformulação de suas políticas econômicas, e que a agenda da mesma aglutina os defensores do neoliberalismo em todos os países em torno de uma política pró-EUA.

Dentro do Mercosul, faz-se necessário implantar regras comuns para disciplinar os investimentos externos, prevenindo a volatilidade dos mesmos, e criar mecanismos de coordenação para evitar uma competição entre os países latino-americanos pela atração de investimento. Se, por um lado, essas políticas são acertadas, por outro, é forçoso reconhecer que são principalmente reativas ao tratamento adverso conjunto que nossos países têm sofrido, e uma atitude seletiva por parte de Washington bem pode produzir a desunião entre os governos dos países do Mercosul.

Nesse sentido, é indispensável a implantação de reformas sociais de caráter redistributivo de renda, com a criação de uma economia de escala ainda maior, e a rejeição dos paradigmas neoliberais como forma de regulação da globalização e da Terceira Revolução Industrial. Esta é uma tarefa que poderia ser enfrentada por governos populares, comprometidos com projetos nacionais e regionais de desenvolvimento. O Mercosul constitui um bom começo para articular-se uma nova inserção internacional nos países sul-americanos. Mas é só um começo. Os grandes problemas devem ser enfrentados primeiramente no âmbito interno, única maneira de potencializar as possibilidades contidas na integração regional. Assim, por exemplo, o advento da crise financeira que conduziu à desvalorização do real bem como a persistente recessão no Brasil e na Argentina produziram a mais séria crise dentro do Mercosul.

Na América Latina, enquanto isso, as pressões americanas cresceram, com a militarização e o avanço da proposta da Alca, em meio à crise do chamado Consenso de Washington (agenda neoliberal para o continente). No México, encerrou-se a longa era de domínio do PRI (Partido Revolucionário Institucional), com a vitória do pró-norte-americano Vicente Fox. Às pressões contra Cuba e o regime popular-nacionalista de Chávez na Venezuela somou-se a proposta do Plano Colômbia, de combate ao narcotráfico e às guerrilhas de esquerda. Crises de governabilidade espalharam-se pelo empobrecido continente, especialmente no Peru, Argentina e Bolívia. Este país, cujos dirigentes alegavam possuir *relaciones carnales* com os EUA, sofreu um completo colapso econômico-financeiro no final de 2001, sem receber nenhum socorro internacional, particularmente dos EUA. O neoliberalismo encontra-se na defensiva, pois, além da crise econômica, Collor, Salinas de Gortari, Menem e Fujimori, antes apontados como modelos, hoje são homens com dívidas a acertar com a justiça de seus países.

Mas o pivô da região é o Brasil. Em face do avanço da Alca e da crise do Mercosul, o Brasil procurou avançar a integração física dos países sul-americanos (Cúpulas de Brasília, em 2000, e de Guayaquil, em 2002). O país procura construir um espaço econômico de contrapeso à Alca, como forma de constituir um pólo protagônico para a construção de um sistema internacional multipolar. Contudo o elemento decisivo foi a eleição presidencial de 2002, com a vitória da esquerda com o candidato Luiz Inácio "Lula" da Silva. Abriu-se um espaço tanto para uma reação de caráter social como nacional, que pode ter grande influência no fragilizado continente.

13. Rússia, Índia e África do Sul: ainda há chance para os grandes da periferia?

Em dezembro de 1991, como foi visto, ocorreu a desagregação do antigo império soviético e a formação da CEI, com Boris Ieltsin assumindo o poder na Rússia. Os primeiros oito anos dessa nova Rússia foram de caos, corrupção e retrocesso em todos os campos. A divisão da URSS em 15 repúblicas desorganizou o sistema produtivo e o PIB caiu em torno de 50%, num quadro de guerras locais e alastramento da pobreza, com a generalização das máfias, que cresceram no vácuo jurídico-institucional.

O governo russo era praticamente incapaz de arrecadar tributos e, em conseqüência, de pagar os salários em dia, mesmo os do exército e da polícia. O resultado foi a corrupção generalizada e o roubo de patrimônio público. Aqui merece referência o contrabando de armas convencionais e sofisticadas, de equipamentos tecnológicos avançados e de cargas de plutônio e urânio, que eram vendidos a qualquer país que pudesse pagar. Cientistas extremamente qualificados e engajados em projetos estratégicos, com seus salários irrisórios ou até sem recebê-los, não hesitavam em vender segredos ou trabalhar em outros países. Ironicamente, a "ameaça soviética" ao Ocidente, contida dentro de suas fronteiras pela Guerra Fria, transformou-se numa "ameaça russa" que hoje flui por todo o mundo.

Um clima de perplexidade, confusão e, depois, de apatia e desmoralização tomou conta da maioria da população. A URSS, que chegara a ostentar uma expectativa de vida e um nível educacional e de saúde de Primeiro Mundo, em curtíssimo espaço de tempo regrediu a um padrão de Terceiro Mundo. A situação tornou-se mais grave ainda no segundo mandato de Ieltsin (autoritário, impulsivo e com problemas de saúde e alcoolismo), havendo inúmeras crises e constantes tentativas de *impeachment* (a imprensa internacional referiu-se ao regime como uma cleptocracia — governo de ladrões).

No plano diplomático, a Rússia herdou (ou apropriou-se) formalmente da posição e do patrimônio da URSS, como membro permanente do CS da ONU e como potência nuclear. Este último *status* também era ostentado pela Ucrânia, Bielo-Rússia e Cazaquistão, países onde se encontrava localizado o arsenal nuclear da antiga URSS. Tal situação implicou complicadas negociações para o controle desses arsenais, nas quais a Rússia recebia do Ocidente um papel especial, na verdade visando a liquidar o potencial militar-estratégico residual da antiga URSS.

Durante uma década, desde meados do governo Gorbachev, a política externa da URSS, e depois da Federação Russa, pautou-se por uma ativa cooperação com o Ocidente. Tal cooperação se baseava na crença de que a renúncia à sua posição antagônica seria premiada com a inserção no concerto das potências desenvolvidas do mundo capitalista. Essa atitude se tornou ainda mais direta na Rússia de Ieltsin. O G-7, grupo dos países ricos, chegou a tornar-se G-8 (na verdade G-7+1). Mas a Rússia não tinha mais que um papel simbólico, encontrando-se pressionada pela expansão da Otan ao Leste e crises internas como a guerra com os rebeldes separatistas da Chechênia. Em 1996, Clinton e Ieltsin assinaram um acordo criando o primeiro conselho consultivo Otan-Rússia (suspenso em 1999 devido à ação americana em Kosovo). O país logrou manter apenas uma pequena parcela de ação e influência nos Bálcãs, preservando o repasse de tecnologia e armamentos avançados para a China, Índia e Irã (contrariamente à vontade dos EUA).

Nos anos 1990, a frustração com o descaso ocidental e a ingenuidade dessa perspectiva levaram à busca pela sociedade e elite dirigente de uma estratégia de recuperação nacional. Apenas uma minoria ideológica liberal e os que defendiam interesses próprios continuaram insistindo no antigo curso. Em maio de 1996, Primakov sucedeu o pró-ocidental Andrey Kozyrev como ministro das Relações Exteriores, defendendo uma diplomacia "eurasiana". Esta incluía a cooperação com a China e a recusa da expansão da Otan em direção ao Leste Europeu. Depois, em 1998, Ieltsin impôs Primakov como primeiro-ministro, o qual iniciou um programa de recuperação econômica e aprofundou sua diplomacia autônoma. Em seguida, o próprio Primakov foi substituído por Vladimir Putin, devido ao temor de Ieltsin de investigações sobre corrupção em seu governo. Logo, Ieltsin renunciou à presidência (31/12/99), para que o premiê interino pudesse vencer as eleições em março de 2000. O preço: uma lei conferindo-lhe imunidade, que foi promulgada pelo novo presidente.

Com a chegada de Putin ao poder, o governo passou a imprimir um novo fortalecimento doméstico e internacional à Rússia. Internamente, foram reintroduzidos alguns elementos da antiga União Soviética, como a música do hino nacional e a bandeira vermelha para as forças armadas, embora sem a foice e o martelo. Ao mesmo tempo, comemorações nacionais como a rendição da Alemanha nazista foram revalorizadas. Externamente, Putin não apenas formalizou a Parceria Estratégica com a China, como atuou com ênfase contra a expansão da Otan e o sistema antimísseis. Além disso, efetuou visitas históricas à Coréia do Norte e à Cuba, reaparecendo em antigas áreas de influência.

Paralelamente, surgem crescentes tensões no relacionamento com os EUA provocadas pelas políticas de Bush, especialmente após o 11 de setembro e as disputas na Ásia Central, cujo ápice foi o abandono do Tratado de Mísseis Antibalísticos de 1972 pela Casa Branca, visando à implantação do TMD. Nesse contexto, os EUA e a Rússia assinaram um novo acordo diplomático em 2002, que foi anunciado pela mídia como o fim definitivo da Guerra Fria (pela terceira vez...). Este acordo previa uma redução das ogivas nucleares para um terço (de seis para duas mil) e criava um Conselho Consultivo OTAN-Rússia. Bush necessitava reverter o crescente afastamento da Rússia e neutralizar sua oposição ao TMD (oferecendo uma possível cooperação), bem como debilitar as novas alianças de Moscou, reaproximando-a do Ocidente. Putin, por outro lado, precisava atenuar a crescente agressividade e militarização da política externa norte-americana, evitando os riscos de uma guerra. Ou seja, ambos usaram o acordo para ganhar tempo.

Ocorre que a debilidade econômica da Rússia, que vem sendo revertida, convive com alguns instrumentos de poder: o país continua na dianteira tecnológica em certos setores militares, nucleares e aeroespaciais, exportando produtos e conhecimento. A venda de minerais importantes, petróleo, gás e outros itens tem garantido uma balança comercial favorável. A recentralização parcial do poder pôs um freio à desintegração administrativa, criando um cenário interno mais estável. Todavia o endividamento externo, a dificuldade de atrair os capitais de que a Rússia carece e os impressionantes índices de desemprego, violência, estagnação demográfica e pobreza são fatores extremamente negativos.

A tentação americana de aproveitar a fundo suas vantagens para impor uma nova hegemonia constitui o grande motor da reação russa. Putin necessita de uma diplomacia autônoma para poder barganhar uma melhor cooperação econômica com o Ocidente, já que a fase de convergência de Ieltsin não deu resultados. Em segundo lugar, busca uma maior cooperação econômico-militar com os países da CEI, e estabelece uma inflexão asiática, lançando os fundamentos de um bloco eurasiano, como forma de contrabalançar a expansão da Otan. Observamos um novo tipo de conflito intra-sistêmico entre os antigos rivais, no qual este acordo e as negociações diplomáticas correntes possuem, apenas, uma dimensão tática.

Assim, na Rússia começa a reverter-se o quadro de declínio e descalabro econômico e político-administrativo, desde a ascensão de Vladimir Putin ao poder em fins de 1999. O país recuperou sua concepção de interesse nacional e tem mantido crescente autonomia em relação ao Ocidente, apesar de sua dependência financeira. O estabelecimento de uma parceria estratégica com a China e a criação da Organização de Cooperação de Xangai (Rússia, China, Cazaquistão, Tadjiquistão, Quirguistão e Uzbequistão) lançaram as bases de um bloco eurasiano que tem preocupado os estrategistas da Casa Branca, revivendo a geopolítica do Grande Jogo da Ásia Central. A rearticulação do antigo espaço soviético, através da CEI, tem sido um dos eixos da diplomacia russa, que se inquieta com a possibilidade de uma neo-hegemonia americana.

Outra região com dinâmica e inserção próprias é o subcontinente indiano. A Índia caracterizava-se por uma industrialização autocentrada e era aliada de Moscou no plano estratégico (uma aliança antichinesa), apesar de sua diplomacia neutralista, uma situação que se esgotou no pós-1989. Com isso, buscaram-se a normalização das relações da China, a integração ao ciclo de desenvolvimento asiático e a resolução dos dilemas com o Paquistão. Desde os anos 1980 foi estabelecida a

SAARC[9] (Área de Cooperação Regional da Ásia Meridional), que nos anos 1990 foi dinamizada pelo acelerado desenvolvimento e abertura da economia indiana, que se tornou um dos pólos de informática mais importantes do mundo.

Além disso, a Índia é uma potência nuclear (não signatária do TNP), aspirante a membro do Conselho de Segurança da ONU, fabrica mísseis e defende a noção de independência e interesse nacional. Além disso, a economia indiana possui bases sólidas e modernas, apesar de a modernidade conviver com arcaicos sistemas de castas e uma pobreza impressionante. Mas, a bem da verdade, é preciso observar que na última década 100 milhões de indianos saíram da faixa de pobreza, segundo relatório da ONU de 2004 (na China, 350 milhões também deixaram de ser pobres).

A tradicional rivalidade entre a Índia e o Paquistão é relacionada à traumática independência ocorrida em 1947, especialmente em relação à dividida região da Caxemira. A tensão entre estes dois Estados, detentores de armas nucleares, com constantes afrontamentos armados de fronteira na referida região, causa grande apreensão, embora tenha havido negociações tendentes à normalização depois da guerra do Afeganistão (2001).

O realinhamento das alianças regionais com as grandes potências, como condição para o desencadeamento do ataque americano e de seus aliados contra o regime talibã do Afeganistão, está na raiz dos problemas recentes. Durante a Guerra Fria, o Paquistão foi um íntimo aliado dos EUA e também da China, contra a Índia, que era aliada da URSS. No pós-89, como a China passou a ser a potência ascendente e

---

[9]É integrada por Índia, Paquistão, Bangladesh, Sri Lanka, Nepal, Butão e Maldivas, com uma população equivalente à da China (1,3 bilhão de habitantes).

a Índia se encontrava enfraquecida, os EUA desenvolveram uma relação triangular balanceada, cooperando equilibradamente com Índia e Paquistão. O Paquistão já não era um aliado tão importante após a retirada soviética do Afeganistão e, ao longo dos anos 1990, Washington passou a privilegiar a Índia. O Paquistão, progressivamente, foi percebido como conivente com os talibãs e, mesmo, com as atividades terroristas.

A Casa Branca buscava apoiar-se na Índia como forma de construir alianças antichinesas, explorando suas rivalidades. Essa tendência, iniciada já no governo Clinton, intensificou-se no início do governo Bush. Contudo os atentados de 11 de setembro de 2001 e a conseqüente guerra ao terrorismo mudaram completamente o cenário. Para um ataque ao Afeganistão e a neutralização do terrorismo, o Paquistão era um elemento estratégico. O regime golpista do general Musharraf, que se encontrava isolado, foi então aceito pelo Ocidente, desde que abandonou os talibãs e apoiou os EUA. A nova relação EUA-Paquistão deixou a Índia numa situação difícil, especialmente porque o Paquistão aproveitou-se da mudança para pressioná-la na Caxemira. Isto é importante como fator de legitimação para o governo paquistanês, que teria traído seus aliados islâmicos. Assim, enquanto os reprimia na fronteira afegã e em seu próprio território, deixava-lhes carta branca na Caxemira contra a Índia.

Isso gera uma unidade nacional em torno do governo, que conhecia fortes problemas políticos internos por reprimir os movimentos islâmicos. A Índia, por sua vez, está determinada a não ser usada como moeda de troca, apostando numa demonstração de força contra o Paquistão (que impede que a região se estabilize) e numa aliança com a China, que também se ressente da presença americana. A reversão das alianças das potências regionais com as mundiais está criando outra onda de instabilidade na Ásia Central e Meridional, mostrando que é difícil, se não impossível, acomodar tantos interesses divergentes.

Já a África, apesar de suas reconhecidas dificuldades, tem conhecido certos avanços, como o processo de paz em Angola e na República Democrática do Congo, encerrando longas guerras civis. A África do Sul, por sua vez, consolida-se como pólo aglutinador do continente negro, especialmente através de sua diplomacia e da Coordenação para o Desenvolvimento da África Austral (SADC), um acordo de cooperação econômica. Por outro lado, a OUA transformou-se, em 2002, na União Africana, com maiores atribuições que permitirão uma ação coordenada dos países do continente.

O motor dessas tendências positivas foi a democratização da África do Sul, com o fim do regime racista do *Apartheid* no início dos anos 1990 (e a paralela independência da Namíbia) e a eleição do líder negro Nelson Mandela, do Congresso Nacional Africano (CNA), que governou o país de 1994 a 1999. O CNA mantém-se no poder com Tabo Mbeki, que iniciou em 2004 um segundo mandato. Embora a economia sul-africana seja moderna e possua um boa base industrial, evidentemente está muito atrás de países como China, Índia, Rússia e Brasil. Contudo este país é o mais desenvolvido da África e está no centro de redes de transporte e de toda a infra-estrutura herdada do colonialismo, e, em sua área de inserção imediata, o poder econômico e militar de que dispõe é bastante significativo (como o Brasil em relação à América do Sul).

Daí sua posição privilegiada para ser o pólo integrador da região, tendo se associado ao bloco da SADC, o que deu novo vigor ao mesmo. Por outro lado, as relações com a

Ásia e o Mercosul, bem como sua projeção em direção ao centro do continente africano, qualificaram o país a também reivindicar um assento permanente no Conselho de Segurança da ONU, sendo apoiado pelos quatro países acima referidos. O significado político de seu governo, a contribuição para a pacificação da África Austral e a participação ativa na diplomacia e desenvolvimento do continente nos marcos da OUA/UA qualificaram o país como líder da África negra.

No plano global, a África do Sul tem atuado de forma destacada em favor do sistema das Nações Unidas, do multilateralismo, da paz, do desenvolvimento e da multipolaridade. Mandela defendeu o direito de Cuba e da Líbia à autodeterminação, e Mbeki, sempre com o apoio moral de Mandela, foi um crítico da invasão do Iraque pelos EUA sem autorização da ONU. Como integrante do G-3, juntamente com Índia e Brasil, o país tem sido um grande protagonista da política internacional, gozando de enorme influência. Militarmente, o país herdou da África do Sul "branca" um sistema moderno e poderoso, mas teve de renunciar ao projeto nuclear.

Assim, estes três gigantes da periferia têm sabido aproveitar os espaços existentes no plano mundial para se constituírem em pólos de poder e centros de processos de integração. As debilidades absolutas de que são portadores, quando comparados com as grandes potências já industrializadas, são relativizadas pela posição geopolítica que ocupam ou por algum elemento de poder em que se destacam individualmente. A Rússia, a única potência do mundo a poder se opor aos EUA no plano estratégico, é notória por sua capacidade militar, tecnológica, posição diplomática destacada, extensão territorial e recursos naturais. A Índia é uma potência nuclear, tem a segunda população do mundo, uma economia em rápida expansão e uma sólida tradição diplomática. A África do Sul detém uma posição geopolítica estratégica, uma economia com grandes potenciais e um capital político-diplomático precioso, representando a liderança necessária ao desenvolvimento africano.

[IV. CRISE, "CHOQUE DE CIVILIZAÇÕES" E ALTERNATIVAS]

O fim do século foi marcado pela crise do neoliberalismo, com o colapso econômico de vários países, e pela estagnação da economia americana. O mal-estar dos EUA já era visível durante o segundo governo Clinton e se acentuou com a eleição de George W. Bush e suas políticas unilaterais. Os atentados terroristas de 11 de setembro de 2001 precipitaram uma onda militarista e conflitos, fazendo a agenda americana transitar do paradigma do *fim da história*, de Fukuyama, ao do *choque de civilizações*, de Huntington. Mas a maioria da opinião pública mundial e os governos de diversos países se manifestaram contra o estabelecimento de uma nova hegemonia e de uma agenda belicista. Na verdade, o ciclo de crise também sinaliza outras possibilidades, como um sistema mundial multipolar e um novo paradigma de sociedade.

14. Bush Jr. e os "falcões" fortalecem ou enfraquecem a liderança americana?

A década que se seguiu ao colapso do bloco soviético foi marcada pelo aparente triunfo da globalização neoliberal. Contudo desde 1999 os países da OCDE passaram a sofrer uma acentuada desaceleração no crescimento econômico. Este se transformou posteriormente numa estagnação, sobretudo nos Estados Unidos, país considerado o carro-chefe da economia mundial. Em meio à crescente instabilidade financeira mundial, a recessão ganhou contornos de crise econômica, com a quebra de grandes empresas e escândalos de corrupção em megacorporações americanas, que comprometeram autoridades do primeiro escalão do governo dos EUA. Enquanto isso, os países da Ásia Oriental, como a China e os Tigres Asiáticos, que recusaram o modelo neoliberal, recuperavam-se da crise de 1997, mantendo elevados índices de crescimento econômico.

As conseqüências sociais desastrosas das políticas neoliberais produziram, em seguida, graves ameaças à democracia liberal nos próprios países do Primeiro Mundo, com um perigoso avanço da extrema direita na Europa. Paralelamente, ocorreram sérias crises de governabilidade no Terceiro Mundo, mas também a afirmação de amplos movimentos de massa contra os organismos financeiros internacionais como o FMI e o Banco Mundial.

Esses movimentos, caricaturados pela mídia como "antiglobalização", se expressaram de forma crescente de Seattle a Porto Alegre, onde foi criado o Fórum Social Mundial (FSM) em janeiro de 2001. O FSM constituiu um contraponto ao Fórum Econômico Mundial de Davos/Suíça, de matiz neoliberal, aglutinando movimentos de esquerda de diversa orientação, mas que têm em comum a proposta de incluir a agenda social, democrática e ambiental em uma globalização até então centrada exclusivamente no comércio, finanças e competição tecnológica. Assim, depois de anos a esquerda ressurgia, "globalizada", no cenário mundial.

Nesse contexto, no final de 2000 o republicano George W. Bush foi eleito presidente dos EUA, num pleito marcado por irregularidades quanto à contagem de votos na Flórida. Apesar de o democrata Gore haver vencido nos votos populares por meio milhão, o colégio eleitoral teve maioria republicana e elegeu Bush, evidenciando as distorções da democracia americana.

O século XXI foi proclamado "o século americano", mas o novo governo adotou atitudes unilaterais, como o abandono do Protocolo de Kyoto sobre aquecimento terrestre, retirou-se da Conferência da ONU sobre o racismo (juntamente com Israel) e rejeitou submeter-se ao Tribunal Penal Internacional, que a administração Clinton ajudara a criar. Mas a reação dos ultraconservadores se iniciara antes, com as pressões sobre o governo Clinton (como o escândalo Lewinsky), que levaram o presidente a mudar sua política, com a guerra do Kosovo contra a Iugoslávia e o retorno dos ataques ao Iraque.

Uma vez no poder, Bush passou a governar ignorando as organizações internacionais, particularmente a ONU, dentro da visão de que "os EUA venceram a Guerra Fria e necessitam colher os frutos". A idéia de apoiar a liderança americana nas organizações multilaterais, tal como vinham fazendo os democratas, foi completamente abandonada, dando lugar a uma visão unilateral que contrariou seus próprios aliados da Otan. Um presidente despreparado, cercado de assessores de linha-dura e ligados a obscuros *lobbies*, começou a reabrir focos de tensão, enquanto abandonava o papel de mediador (tarefa que cabe ao país hegemônico) em conflitos como o do Oriente Médio, que mergulhou numa espiral incontida de violência.

Assim, se no início da década o debate era entre declinistas e renovacionistas, hoje ele se volta para a questão unilateralismo *versus* multilateralismo. No governo Bush vem prevalecendo a primeira vertente, disseminada pelos falcões Dick Cheney, Donald Rumsfeld e Condoleeza Rice (respectivamente vice-presidente, secretário de Defesa e assessora de Segurança Nacional), entre outros. O líder republicano, em meio ao retorno da recessão, tomou uma série de iniciativas pouco diplomáticas, produzindo conflitos e incidentes internacionais.

Essa atitude produziu um estado de tensão político-militar de considerável intensidade, comprometendo os meios multilaterais empregados pelas administrações de Bush (pai) e de Clinton para a construção de um novo sistema em que a hegemonia se reafirmasse a um baixo custo. Deve-se destacar que esta política unilateral encontra obstáculos não somente fora como dentro do governo, com a linha pomba/multilateral tendo em Colin Powell, secretário de Estado, seu representante, o que leva a oscilações de postura e disputas internas.

No que se refere à Kyoto, a recusa americana em assinar e cumprir as determinações de redução da emissão de gases feriu um dos valores mais sensíveis aos europeus, que se encontram na vanguarda das lutas ambientais. Os EUA, com apenas 5% da população mundial, consomem um terço da energia, respondendo por igual percentual da poluição. A não-assinatura do tratado visa a manter seu nível de desenvolvimento, deixando aos demais o ônus de reduzir a poluição e, conseqüentemente, seu desenvolvimento. No Terceiro Mundo, sem recursos tecnológicos, o combate à poluição significaria menos desenvolvimento e mais pobreza.

Já o escudo antimísseis (TMD) é uma forma de manter a supremacia militar. A Otan seria o instrumento de tal política no caso da Europa, ampliada ao Leste junto com a UE. Além disso, ele afronta a Rússia, que tende a radicalizar sua diplomacia e associar-se à China (o outro alvo da iniciativa), criando um sério problema. A política de direitos humanos e a defesa da pena de morte constituem outro ponto particularmente sensível. Por isso os EUA não foram reeleitos para o Comitê de Direitos Humanos da ONU. Da mesma forma, a diplomacia da Casa Branca em relação ao Oriente Médio, o caso iraquiano e a situação Israel/Palestina têm desagradado aos aliados, em especial a aproximação de Bush com o governo de Sharon.

Além disso, devem ser mencionadas as crescentes divergências comerciais, as pressões pela abertura dos mercados europeus na área da agricultura e da indústria cultural e a competição tecnológica (envolvendo até alta espionagem). A equipe Bush tem tratado este tema sem as devidas mediações e sutilezas, buscando impor o peso americano às vacilações européias. O dólar tem sido empregado como um instrumento de contenção do euro, a moeda única européia, bloqueando propostas de aprofundamento da União, tal como a apresentada pelos alemães e a criação de um exército europeu independente da Otan. Assim, a evolução dos acontecimentos tem levado o núcleo duro da UE a divergir de Washington.

Em relação à Rússia e à China, diversos incidentes geraram tensões, reintroduzindo um clima de Guerra Fria. Na Ásia, Bush adotou uma atitude de confronto com a Coréia do Norte, que se encontrava em vias de estabelecer relações diplomáticas com Washington, levando-a a responder no mesmo tom e a retomar seu projeto nuclear e de mísseis. Tal política desgostou, igualmente, a Coréia do Sul, interessada numa distensão com a do Norte (*sunshine policy*) e na discussão do *status* das forças americanas estacionadas em seu território. Essa estratégia, bastante primária, visa a recriar tensões como forma de manter suas tropas, num esquema que está mais voltado contra a China.

Para Taiwan, a Casa Branca voltou a vender armamento sensível, estimulando novamente um discurso independentista e provocações antichinesas, como a visita do dalai-lama a Taipé, revivendo o problema do Tibete. Em resposta, o governo chinês aumentou significativamente seu orçamento de defesa. Ao mesmo tempo, Washington tem fomentado incidentes no Vietnã, um país com que mantinha excelentes relações, como forma de contrabalançar o poderoso vizinho chinês. Assim, Hanói advertiu os EUA sobre ingerências internas, produzindo uma maior aproximação sino-vietnamita.

Com relação à Rússia, a política americana foi igualmente de tensão. Além do TMD estar voltado contra a ela e a China, provocando uma reação firme de Moscou (bem como de Pequim), some-se a saída americana do Tratado ABM e outros episódios envolvendo denúncias de espionagem. Em depoimento ao Congresso, o dirigente da CIA George Tenet denunciou os dirigentes russos de tentarem resgatar aspectos do passado soviético.

Num prazo histórico mais curto, o resultado poderá ser o oposto do desejado: a novidade não será o poderio americano, mas a busca de autonomia por parte da Europa Ocidental (ainda que de forma limitada), a reafirmação da Rússia, o crescimento do poder da China (mesmo sendo qualitativamente inferior ao dos EUA) e o lançamento de um desafio global pelo mundo árabe-muçulmano (difuso e parcial), um pólo considerado derrotado e fora do grande jogo mundial. Ao confrontar os que a Casa Branca considera como rivais, na verdade ela os está estimulando, aproximando e mobilizando contra si. Um mau presságio para os republicanos, que começou a se tornar real com os ataques terroristas de 11/9, quando, pela primeira vez em sua história os EUA foram atingidos em seu território.

15. O "terrorismo universal" representa a verdadeira ameaça?

Na manhã de 11 de setembro de 2001, terça-feira, dois aviões de linhas aéreas domésticas americanas foram jogados contra as torres do World Trade Center, em Nova York, um contra o Pentágono, em Washington, enquanto um quarto, que provavelmente visava à Casa Branca, era abatido. O mais fantástico atentado terrorista da história atingia pela primeira vez o território metropolitano americano, golpeando os maiores símbolos do poder financeiro e militar dos EUA (e do Ocidente), no momento em que o país procurava construir um escudo antimísseis (que de nada teria adiantado contra esse tipo de atentado).

Os indícios apontavam para a organização Al-Qaeda, liderada pelo saudita Bin Laden, e para o regime talibã do Afeganistão, que lhe dava abrigo. Apoiando-se na comoção mundial e alegando que "quem não está conosco está contra nós", Bush desencadeou a guerra ao terrorismo, que teve como primeiro alvo o Afeganistão. Invadido e dominado o país, a presença militar americana espalhou-se pela Ásia Central, gerando tensão com os vizinhos (especialmente Rússia, Irã e China), bem como desequilibrando as relações entre Índia e Paquistão. Mas Bin Laden e o *mulá* Omar, líder dos talibãs, não foram encontrados.

Os atentados levantaram inúmeras questões, a principal delas sobre o declínio americano, dando certo destaque ao livro de Paul Kennedy, *Ascensão e queda das grandes potências*. Mas, ao mesmo tempo, outros invocaram o famoso *Choque de civilizações*, de Samuel Huntington. É interessante recordar que 2001 havia sido designado pela ONU como o Ano do Diálogo entre Civilizações, mas, em sentido contrário, parece que certos atores poderosos estavam dispostos a tornar o livro de

Huntington uma realidade dominante da política internacional. De qualquer maneira, este acontecimento terrível e, ao mesmo tempo, impactante, marcou o início do século XXI e do Terceiro Milênio, e faz com que a chamada "síndrome do declínio do Império Romano" esteja se instalando no imaginário dos americanos.

É cada vez mais difícil crer que os primitivos "homens das cavernas" afegãs tivessem condições de, sozinhos, idealizar e executar um atentado tão complexo e eficaz. Além do mais, em termos simbólicos, os sinais enviados através deste ato violento parecem ser demasiado sutis para terem sido pensados por cérebros dotados de uma lógica tão rasteira. Até porque a resposta seria a possível eliminação do grupo Al-Qaeda e do regime talibã. Sem aderir a teorias conspiratórias, é importante lembrar que dois dias antes do atentado o comandante Massud foi assassinado, e este líder da Aliança do Norte seria, num governo pós-talibã, um homem independente (era inclusive aliado da Rússia e do Irã). Portanto, isso sugere que a guerra já estava planejada antes dos atentados, e que o futuro governo deveria ser dócil ao Ocidente, como de fato foi.

Os EUA desejavam, em termos geopolíticos, cravar uma cunha entre a Rússia e a China. Um dos objetivos parece ser inviabilizar a Organização de Cooperação de Xangai, bem como debilitar a aliança da China com países como Paquistão e Índia e privá-la dos recursos petrolíferos da região, obstaculizando seu crescimento econômico. Por outro lado, a "guerra contra o terrorismo", instrumentalizada como guerra contra o mundo árabe e islâmico, serviu para inviabilizar qualquer possibilidade de acordo Israel-Palestina, uma vez que a ação dos radicais palestinos se expressa (por vontade deliberada ou falta de opção) sob a forma de atentados terroristas suicidas. Portanto, este problema específico se dilui na agenda antiterror mais geral.

Antes e depois do atentado, era patente o mal-estar ocidental, em particular norte-americano. Os escândalos que caracterizaram os anos finais do governo Clinton revelam um confronto interno, que ficou patente na complicada e questionada eleição de Bush, a qual desgastou a imagem da democracia americana. Paralelamente, a economia americana desacelerava seu crescimento e os mercados internacionais e bolsas de valores ingressavam numa era de instabilidade, agravada pelo colapso econômico-financeiro de vários países. Então o século XXI se inicia com um governo fraco e deslegitimado, o que é agravado por atitudes unilaterais já referidas. Em seguida ocorre o 11 de setembro, chocando e traumatizando a população americana e do Primeiro Mundo, mas dando aos EUA uma nova iniciativa.

Seguem-se medidas de segurança com custos elevadíssimos, cerceamento das liberdades civis e um reforço das atitudes belicistas e unilateralistas que não param de surpreender a comunidade internacional. Mas tudo isso deu à administração americana um eixo definido de política externa, embora com crescente resistência mundial, começando por seus próprios aliados. Assim, o balanço posterior é ambíguo. Por um lado, a autoconfiança da população foi derrubada e a crença internacional de que a segurança americana era inexpugnável já não existe, embora pouco se fale disso no momento. Num quadro de instabilidade econômica doméstica e global, revelam-se igualmente fraturas internas nos EUA e no Ocidente.

Apesar do fato de os focos de tensão de hoje serem mais numerosos e perigosos, o 11 de setembro foi uma dádiva para a administração Bush, que pôde colocar em marcha seus contraditórios projetos. Baixada a poeira, os atentados terroristas parecem, cada vez mais, com o ataque japonês a Pearl Harbor, só que com sinal invertido. Se aquele ataque à mais afastada guarnição militar americana marcava o início da hegemonia dos EUA no sistema internacional, este atentado ao coração da América pode representar o início de uma tendência oposta.

Depois de 11/9, a expressão "terrorismo" passou a integrar a linguagem cotidiana em todo o mundo. Contudo tratase de um termo empregado de forma ampla e inadequada, com fortes conotações políticas. Assim, tem sido objeto de manipulação, para justificar uma nova agenda internacional.

Há pelo menos quatro sentidos para a expressão terrorismo. O primeiro se refere ao terrorismo de Estado, ou "terrorismo desde cima". Trata-se de atos generalizados de violência sistemática praticados por governos contra sua sociedade, contra minorias internas ou contra povos dominados, com o objetivo de quebrar a resistência à sua autoridade e impor determinado projeto. A "passivização" da população foi praticada, mais modernamente, pela Alemanha nazista, pelo stalinismo na URSS e pelos regimes militares latino-americanos. Trata-se de algo polêmico, pois o Estado tende normalmente a usar meios repressivos como parte de suas atribuições. Então, há um limite que é ultrapassado, e a repressão se transforma em terror sistemático.

O segundo, mais famoso e consensual, é a execução de atos violentos, especialmente atentados, contra alvos determinados, muitas vezes fora das fronteiras nacionais. Ocorreu largamente nos anos 1960 e 70, em geral ligados a problemas europeus ou do Oriente Médio. Essas ações têm objetivos políticos, para chamar atenção da opinião pública internacional para certos conflitos, ou criar uma situação insustentável para o inimigo. Esses atos costumam ser praticados por organizações clandestinas, mas também por governos, e tiveram lugar na Espanha, Irlanda, Alemanha e Itália, mas especialmente no Oriente Médio, devido ao conflito entre israelenses e palestinos.

Aqui é importante observar que não apenas os grupos clandestinos perpetraram atos terroristas, mas os Estados que os combatiam também. Os atentados palestinos (que incluíam seqüestro de aviões, com reféns) foram respondidos com atentados israelenses, eliminando terroristas, mas também lideranças palestinas. Muitos críticos acusam Israel de praticar uma "política terrorista" nos territórios ocupados, mas isso se referiria ao primeiro tipo. Também é comum que se fantasie sobre a existência de uma "Internacional terrorista" vinculando todos os grupos. Mas isto está mais no campo dos romances de espionagem do que na realidade, devido à multiplicidade de interesses e rivalidades existentes entre estes grupos, que muitas vezes estão infiltrados pelos serviços de inteligência de Estados poderosos.

O terceiro tipo de terrorismo é o que produz o maior número de vítimas e destruições: o terrorismo comunal (ou comunitário) das guerras civis ou "terrorismo desde baixo". Foi o caso da África Central, dos conflitos na ex-URSS e, especialmente, na ex-Iugoslávia. Trata-se de conflitos desordenados, em que a população civil ou suas milícias intervêm diretamente contra outras comunidades, em geral minorias étnicas ou religiosas: uma espécie de "terror coletivo", visando à eliminação ou expulsão destas. De certa forma, esse tipo de terrorismo está crescendo no Afeganistão, Paquistão e Índia.

Finalmente, o quarto e último tipo não representa um terrorismo real, mas uma espécie de percepção pânica ou "ansiedade global", como definiu o politólogo britânico Fred Halliday. Trata-se de uma gigantesca orquestração, manipulando o sentimento de insegurança das populações, numa época de crise e incertezas. Seu objetivo é criar um consentimento a medidas repressivas que, em essência, implicam perseguição de opositores, simplesmente rotulados de terroristas. Justifica a supressão de direitos civis e o desencadeamento de guerras. Atualmente são estes dois últimos que constituem um grande perigo, o terror coletivo empregado nas guerras civis e o terror virtual, utilizado para provocar um estado de tensão global que justifique certos propósitos políticos por parte de governos.

Ainda durante a guerra no Afeganistão, autoridades americanas declararam que outros países representavam uma ameaça à América, devendo ser invadidos, o que inquietou a opinião pública e os meios diplomáticos. Este "eixo do mal", como definiu o presidente Bush em sua linguagem religiosa, seria integrado pela Líbia, Síria, Irã, Coréia do Norte e, em certa medida, Cuba. Durante o ano de 2002, a Casa Branca deixou clara sua intenção de atacar o Iraque, que acusava de possuir armas de destruição em massa e de ter conexões com a rede Al-Qaeda. Curiosamente, Bagdá estava restabelecendo relações diplomáticas com diversas nações e saindo do embargo, que se tornara insustentável. Para evitar a guerra, a ONU enviou inspetores para confirmar se o referido armamento existia ou não.

Concretamente, a administração Bush desejava obter uma condenação da ONU ao regime iraquiano para depor Saddam Hussein como parte da guerra ao terrorismo. Contudo a França, a Alemanha e a Rússia, com apoio da China (o "eixo da paz"), se recusaram a aceitar a guerra sem que os inspetores concluíssem as investigações e obtivessem provas. Ao lado de Washington estavam apenas a Inglaterra (Blair sofreu enorme pressão de Bush), Austrália, Israel e países europeus de segunda linha, como Espanha, Polônia e Itália (o "eixo da guerra").

Mesmo nações como Turquia e Arábia Saudita, aliadas americanas, se recusavam a apoiar um ataque ao Iraque. Percebendo que no Conselho de Segurança seriam derrotados, pois mesmo amigos como México e Chile votariam contra a guerra, os EUA simplesmente desistiram de obter qualquer base jurídica para seu ataque e resolveram contornar a ONU, agindo de modo unilateral. Nem mesmo a Otan pôde ser acionada, pois seu mecanismo foi bloqueado pela ameaça de veto belga-franco-alemão.

Dia 20 de março de 2003 teve início a guerra, com os anglo-americanos encontrando surpreendente resistência nas duas semanas iniciais. Mas em um mês o regime desaparecia e o Iraque era ocupado por tropas anglo-americanas. Contudo as ameaças de uma extensão das operações à Síria e ao Irã tiveram de ser deixadas de lado devido a uma resistência persistente na região central, à qual se somou a permanência dos combates no Afeganistão, dois anos depois de este país haver sido ocupado.

Ações de guerrilha e atentados, como o que destruiu a sede da ONU em Bagdá e vitimou Sérgio Vieira de Mello, criaram um custo inesperado para os EUA. Enquanto recusava contratos de reconstrução aos que não apoiaram a guerra, a Casa Branca se complicava ao não encontrar nenhuma prova de suas acusações ao Iraque, e a imprensa e personagens-chave (um dos quais morreu misteriosamente) denunciavam exageros, manipulações e mentiras. Pior: os aliados americanos encontravam problemas políticos internos, mesmo que a coincidência da prisão de Saddam em dezembro tenha evitado um voto de desconfiança a Blair no parlamento inglês.

Em 11 de março de 2004, três dias antes das eleições espanholas, atentados à bomba contra trens suburbanos fizeram 190 mortos em Madri. O governo Aznar, tentando encobrir a relação do atentado com a ocupação do Iraque, levianamente acusou a organização basca ETA, e acabou perdendo as eleições para os socialistas, que anunciaram a retirada espanhola do Iraque caso não haja um mandado da ONU.

Para desagrado da Casa Branca, no mesmo dia Putin se reelegia na Rússia com 71% dos votos. Poucas semanas depois, ocorreu o levante xiita no Centro-Sul do Iraque, causando enormes baixas aos americanos, expulsos de cinco cidades. Isso quando Bush tencionava realizar a transferência do poder civil a um governo iraquiano, enfrentava a disputa presidencial contra o candidato democrata John Kerry e escândalos sobre negligência em relação à advertência da CIA sobre a Al-Qaeda antes do 11 de setembro.

No contexto da guerra ao terrorismo, o Oriente Médio é visto como o maior fator desestabilizador. De fato ele é uma região-pivô, mas por uma razão oposta. Israel constrói um muro dentro da Cisjordânia (anexando de fato parte dela) e assassinou o xeque Yassin, líder espiritual do Hamas. Atentados suicidas palestinos, retaliações israelenses e um plano de paz abandonado alimentam uma espiral de violência, que inspira o terrorismo, e poderia ser evitada. Os EUA atacam esta região por seus recursos, sua posição geopolítica e, especialmente, porque é indefesa, sem poder militar ou potências protetoras.

Além disso, ela é culturalmente estigmatizada. Mas se encontra em acelerada modernização, e a violência e o fanatismo que acompanham este processo também ocorreram na Europa nos séculos XVI e XVII. Trata-se de uma reação atávica, enquanto o crescimento demográfico diminui e a alfabetização (especialmente entre as mulheres) cresce. As estimativas da ONU, constantemente revisadas para baixo, apontam que a população mundial atingirá seu ápice e se estabilizará em meados do século XXI. Assim, pode-se inferir que o chamado terrorismo universal se baseia em mitos não comprováveis empiricamente, e por trás dele há outras questões econômicas e político-militares.

16. Existe um modelo alternativo viável ao império global americano?

Diversos especialistas em relações internacionais, de forma profética e apressada, haviam anunciado que o século XXI seria americano (alguns, como Alfredo Valladão, ainda pensam assim), afirmativa bastante discutível após o 11 de setembro. Com a auto-estima fortemente abalada e necessitando provar ao mundo que nada havia mudado e a hegemonia americana seguia inabalada, os Estados Unidos desencadearam a "guerra ao terrorismo" e, depois, ao "eixo de mal". Ao mesmo tempo, desconsideraram solenemente as organizações internacionais e, mesmo, seus próprios aliados da Otan e do mundo árabe. Mas toda a força e auto-suficiência mostradas pela administração republicana tiveram magros resultados e enfrentaram crescentes dificuldades.

Apesar da derrubada do regime talibã e da instalação no Afeganistão de um regime aliado, o governo Bush não logrou nenhuma vitória esmagadora sobre um inimigo invisível como é o terrorismo. Aliás, uma tarefa impossível de ser lograda militarmente e no curto prazo. É bem verdade que a persistência de uma virtual ameaça terrorista tem sido habilmente explorada pela Casa Branca para legitimar suas iniciativas unilaterais. Mas, mesmo nesse sentido, parece que a comunidade internacional já começou a superar o trauma inicial do 11 de setembro e não está mais disposta a endossar toda iniciativa norte-americana.

Tal foi o caso do Iraque. Apesar de os EUA terem forçado a guerra e obtido o apoio de países de segunda linha na Europa (Espanha, Itália e do obediente Leste Europeu) e do Oriente Médio (Kuwait, Bahrein e Qatar), a estratégia não foi convincente. Faltavam recursos financeiros, e a lista de apoiadores acabava desmoralizando a iniciativa, pois os grandes e importantes continuavam exigindo provas concretas. Por outro lado, a recusa desses países tinha, além dos aspectos diplomáticos, uma importância econômica. Na guerra anterior contra o Iraque, os EUA entraram com três quartos das armas e tropas, e apenas um quarto dos recursos financeiros. Ou seja, a Casa Branca necessitava não apenas da aprovação política, mas dos recursos dos aliados, o que também não obteve.

Paralelamente, sinais de debilidade emergiam com os escândalos das grandes corporações, envolvendo o alto escalão do governo, a crise econômica persistente e a falta de perspectiva de recuperação e o acidente com a nave Colúmbia, que revela a improvisação, o voluntarismo e a falta de recursos dos grandes programas do governo. Além disso, o acidente repercutirá no adiamento do chamado escudo antimísseis, da mesma forma como a explosão da Challenger, em 1986, inviabilizou o projeto Guerra nas Estrelas (Iniciativa de Defesa Estratégica) durante o governo Reagan. Assim, o uso da força não tem escondido as debilidades e os limites da superpotência americana. Pelo contrário, o país ganha uma visibilidade desfavorável. Assim, é necessário refletir de maneira profunda sobre os fundamentos do poderio americano.

Contudo as principais conseqüências do conflito já eram observáveis em suas causas, ou seja, antes da guerra. O declínio da produção americana, o endividamento externo e interno e o excesso de importações (o déficit comercial anual, que era de 100 bilhões de dólares em 1990, atingiu mais de meio trilhão em 2003) fizeram o país depender agudamente da produção e do investimento estrangeiro, sobretudo europeu e asiático. O saldo negativo nas contas americanas deve ser coberto, a cada ano, pelo ingresso maciço de capital externo. Além disso, o hiperconsumo doméstico torna o país dependente de outras áreas, que precisam ser mantidas sob influência dos EUA.

Mas a globalização e sua liberalização comercial criaram um mundo onde os blocos econômicos são uma realidade emergente, especialmente com o desaparecimento de qualquer ameaça séria à paz mundial, devido ao fim da Guerra Fria. Ora, essa dupla tendência está tornando os Estados Unidos uma superpotência relativamente dispensável, tanto em termos político-militares como econômicos, ainda que não neste momento. A percepção dos riscos futuros contidos nesse processo de perda de vitalidade, aliada à ilusão de poder decorrente do colapso do bloco soviético, fez os EUA optarem por uma estratégia imperial, buscando construir uma nova hegemonia.

O problema é que os meios para tanto não mais existem. Se os Estados Unidos estão superarmados como nação, faltam-lhe os meios militares para poder controlar e estabilizar um planeta complexo, densamente povoado e problemático. Mais ainda, os sucessivos governos não têm conseguido criar uma estratégia coerente e, menos ainda, aplicá-la sistematicamente, optando por uma linha de menor resistência, caso a caso. Não podendo manter o controle econômico sobre o Japão, a China e a União Européia, muito menos desarmar ou desagregar a Rússia (única potência com capacidade estratégico-militar equivalente), Washington optou por desenvolver um militarismo teatralizado contra os mais fracos integrantes do "eixo do mal", os países árabe-muçulmanos, que não têm capacidade de defesa.

Ao exagerar perigos que não existem na dimensão apregoada, a Casa Branca encontra um campo de conflitos que lhe permite resgatar sua utilidade militar para a comunidade internacional, que ao mesmo tempo assiste a um *show* de poder que recomenda maior compreensão para com as necessidades da potência "protetora". O problema é que o ritmo e a forma com que esta política está sendo desenvolvida tem produzido o resultado oposto.

A autonomia da diplomacia francesa ressurgiu com força, a Alemanha surpreendeu ao opor-se a Washington pela primeira vez e a Rússia, considerada vencida, reapareceu na cena internacional, estabelecendo-se um eixo Paris-Berlim-Moscou, que representa exatamente o que os EUA desejariam evitar. O controle sobre o Oriente Médio, por sua vez, está longe de assegurado, pois o real problema é a ascendência cada vez mais precária sobre aliados antigos, como Turquia, Paquistão e Arábia Saudita, os novos "elos fracos", que ameaçam escapar do controle. Assim, a principal conseqüência da guerra do Iraque foi o aprofundamento das contradições que existiam antes dela. Mas é preciso refletir mais sobre a nova percepção internacional dos EUA e a forma como está processando os sinais emitidos pela comunidade internacional.

Com o encerramento das operações militares convencionais no Iraque e o fim do regime de Saddam Hussein, começa a esboçar-se um novo mapa político no Oriente Médio. O proclamado poderio militar iraquiano não existia e a vitória anglo-americana foi relativamente fácil, mas agora se inicia a difícil fase de estabelecer um regime iraquiano estável. A ocupação militar norte-americana está sendo complicada, pois começam a emergir as contradições internas do Iraque, anteriormente contidas por um regime autoritário: curdos de várias facções, xiitas poderosos, um centro sunita enfraquecido e um governo oriundo de uma oposição dividida e com poucas bases de apoio interno.

Ao mesmo tempo, a situação social e econômica é desfavorável, além de a população ter em seu poder três milhões de armas de fogo, que são empregadas tanto com fins políticos como criminais. A queda da ditadura, por outro lado, gerou um clima de ansiedade nos demais regimes, pró ou antiamericanos, todos eles autoritários. Apenas o Irã e o Líbano têm eleições realmente disputadas. Por fim, a presença de tropas americanas gera um fator de reação que, num curto prazo, deve adquirir força, especialmente se forem instaladas bases permanentes no Iraque.

A fácil vitória militar, por sua vez, teve um custo político inesperado para Washington, em face dos cálculos iniciais. A Turquia, a Arábia Saudita e o Paquistão adotaram uma política crítica, e tendem a agir com maior independência. A Turquia, além de limitar a presença militar americana, tem certo poder de influência no novo Iraque, numa postura anticurda. Os sauditas, por seu turno, solicitam a retirada das bases americanas estabelecidas em seu território em função da anterior guerra contra o Iraque e, por esta razão, os EUA pensam em estabelecer bases neste último, bem como um controle sobre o petróleo. No caso da Arábia Saudita, a Casa Branca tem na memória o choque da perda de um aliado estratégico, como ocorreu em relação ao Irã em 1979.

Os custos da ocupação do Iraque foram qualitativamente maiores que no Afeganistão, onde uma guarnição estabelecida em Cabul e na base aérea de Bagram garante um governo sem poder real, sendo necessário pagar aos chefes tribais para combater os talibãs, que continuam ativos. A lealdade destes chefes é duvidosa, e as tropas da Aliança do Norte permanecem sob certa influência russa. Além disso, a apreensão dos vizinhos iraquianos, pró ou contra os EUA, tem um peso maior que em relação ao Afeganistão (uma periferia sem petróleo).

Mas a questão central consiste no que fazer depois. Nesse sentido, mais uma vez Washington procura agir pela linha de menor resistência, escolhendo o alvo mais fácil, no caso a Síria, país sem petróleo e encravado entre regimes pró-americanos (Turquia, Israel, Jordânia e, agora, Iraque). A Síria, aliada do Irã e próxima da França, controla o regime libanês e é o único país a confrontar Israel (através do grupo xiita libanês Hezbolá), para não falar do contencioso das colinas de Golã, ocupadas pelo Estado hebreu. É preocupante que, devido ao descaso em relação ao direito internacional, o ônus da prova não caiba mais ao acusador. Assim, o presidente Bush acusou Damasco de possuir armas de destruição em massa, ter ajudado militarmente o regime iraquiano e estar dando refúgio aos líderes deste, sem levar em conta que eles são inimigos históricos e a Síria apoiou os EUA em 1991.

Mas a verdadeira cruzada que Washington iniciou contra o mundo islâmico, com seus regimes "politicamente incorretos" e militarmente incapazes de se defender, arrisca envolver os EUA em problemas complexos e custosos, política e economicamente. Por trás da diplomacia russo-européia (apoiada pelo "silêncio" sino-japonês) e dos movimentos pacifistas, o mundo deseja o fim dos conflitos que desembocam em novos conflitos e a retomada do crescimento econômico, depois de três anos de estagnação global.

Muitos vêem nas ações político-militares unilaterais da administração Bush uma retomada do poder americano, configurando uma nova hegemonia "unipolar" para o século XXI, que, como o anterior, seria novamente americano. Ou então um caos geral, com o mundo mergulhando numa espécie de "guerra dos cem anos" religiosa (ou civilizacional). Na verdade, trata-se de uma reação para evitar uma tendência histórica que emerge lentamente, a de construção de um sistema mundial multipolar, regulado pela ONU, num quadro de equilíbrio de poder entre EUA/Nafta, União Européia, Rússia/CEI, Japão/Tigres Asiáticos, China, Índia/SAARC, Irã, África do Sul/SADC e Brasil/Mercosul/América do Sul, como assinalou o politólogo brasileiro Hélio Jaguaribe. Os blocos econômicos constituem o principal resultado da globalização, e estão se tornando blocos político-econômicos.

Os EUA temem a formação de uma constelação eurasiana que, por seu peso econômico, militar e demográfico, torne a

América uma periferia envelhecida dentro do sistema mundial. Os pólos emergentes tendem a construir um sistema mundial multipolar, com equilíbrios de poder de geometria variável, onde as organizações multilaterais como as Nações Unidas ganharão novo vigor, reformadas devido ao estabelecimento de uma nova correlação de forças. A intervenção no sul da Eurásia, com o objetivo geopolítico de obstaculizar a formação de um megaespaço econômico, desarticular os "impérios continentais" que ressurgem e controlar as fontes produtoras de petróleo, constitui um objetivo dificilmente alcançável para a "potência marítima" americana.

O historiador e demógrafo Emmanuel Todd, em seu brilhante livro *Depois do império*, argumentou que

> não haverá império americano. O mundo é demasiado vasto, diverso e dinâmico para aceitar a predominância de uma única potência. O exame das forças demográficas e culturais, industriais e monetárias, ideológicas e militares que transformam o planeta não confirma a atual visão de uma América invulnerável. (...) Um quadro realista [mostra] uma grande nação cuja potência foi incontestável, mas que o declínio relativo parece irreversível. Os Estados Unidos eram indispensáveis ao equilíbrio do mundo; eles não podem hoje manter seu nível de vida sem os subsídios do mundo. A América, pelo seu ativismo militar de teatro, dirigido contra Estados insignificantes, tenta mascarar seu refluxo. A luta contra o terrorismo, o Iraque e o "eixo do mal" não são mais do que pretextos. Porque ela não tem mais a força para controlar os atores maiores que são a Europa e a Rússia, o Japão e a China, a América perderá esta última partida pelo domínio do mundo. Ela se tornará uma grande potência entre outras.

17. Nações do século XXI: "um outro mundo é possível"?

Quais são as tendências do século que iniciou? Com o colapso do socialismo no Leste Europeu, formulou-se uma série de previsões triunfalistas que assinalavam o início de uma Nova Ordem Mundial, fundada na paz, prosperidade e democracia. Os problemas pendentes em pouco seriam resolvidos, e muitos articulistas destacaram que o século XXI, que inaugurou o Terceiro Milênio em 2001, deveria trazer a consolidação dessa nova sociedade globalizada. A estabilidade do novo mundo seria garantida pela mão invisível do mercado, que, no final, coloca todas as coisas em seu devido lugar. Contudo, uma década e meia depois de tais profecias, o planeta parece mergulhado em incertezas e problemas ainda maiores, e os princípios enunciados não se cumpriram, ou apenas se cumpriram superficialmente.

Em lugar da paz, seguiram-se anos de confrontos sangrentos que sinalizaram a emergência de guerras, conflitos civis e padrões de violência de novo tipo, possivelmente mais dramáticos que os anteriores. A prosperidade prometida não ocorreu, ao menos para a esmagadora maioria das pessoas e países. A globalização, ainda que lançando bases para um virtual crescimento (sempre prometido "para o próximo ano"), gerou um desemprego estrutural, uma recessão que perdura, o retrocesso da produção industrial na maioria dos países e a instabilidade financeira mundial, em meio à queda dos padrões de vida e à concentração de renda.

A democracia liberal, por sua vez, de fato hoje é adotada (ao menos formalmente) pela maioria esmagadora dos países. Entretanto, a década de 1990 nos apresenta o maior grau de despolitização das populações em todo o século XX. Uma democracia é real quando os cidadãos não crêem nas instituições, nos processos políticos e deles não participam senão por obrigação legal? As abstenções, onde não há voto obrigatório, batem recordes históricos.

Mas é preciso considerar que não se trata do fim do mundo, mas da crise de um modelo que foi proposto como o *fim da história*. Contra todas as previsões, a história insiste em manter-se viva e cada vez se manifesta com maior intensidade. Um olhar mais cuidadoso sobre a passagem do século pode revelar outros contornos para o futuro. A discussão sobre o que ocorreu em 1989 não se encerrou, mas, sim, está começando. Agora que os "perdedores" não podem mais voltar ao passado, podem compreendê-lo melhor, encarar o presente e avaliar os possíveis desdobramentos futuros.

Os efeitos da aceleração da globalização colocaram o neoliberalismo diante de um impasse. O desemprego tornou-se não apenas estrutural, como, mesmo em regiões e/ou épocas

em que se registra crescimento econômico, tem ocorrido uma redução de postos de trabalho, na medida em que, geralmente, este crescimento se dá em setores de ponta, que empregam tecnologia avançada. A concentração de renda atingiu níveis alarmantes: em 1992, segundo o Programa das Nações Unidas para o Desenvolvimento (PNUD), 82,7% da renda mundial encontrava-se nas mãos dos 20% mais ricos, enquanto os 20% mais pobres detinham apenas 1,4% da renda; quatro anos depois, os 20% mais ricos haviam aumentado sua parcela para 85% da riqueza.

A ausência ou fragilização do emprego produziu uma violenta *exclusão social de novo tipo*: milhões de pessoas simplesmente não têm mais lugar dentro da economia capitalista. Isso não apenas traz conseqüências graves no tocante ao desaparecimento de mercados, como produz reações desesperadas e perigosas por parte dos "perdedores". Trata-se da *fragmentação* que acompanha o processo de globalização. O irônico é que em meio à crise de regimes e movimentos marxistas parece cumprir-se a tese de Marx sobre a exclusão social. Esta atingiu tal nível que está gerando uma instabilidade perigosa, ao produzir uma espécie de *Apartheid globalizado*.

Nas grandes cidades, novos centros da vida econômica pós-moderna, os ricos cada vez mais se isolam em bairros e condomínios protegidos, enquanto, no plano internacional, os países desenvolvidos se fecham aos imigrantes vindos da periferia. Estes afluem em grande número do campo para a cidade no Sul, e destas para o Norte, devido aos efeitos sociais devastadores da reestruturação econômica. Depois de cinco séculos de migrações do Norte para o Sul, desde os anos 1970 observa-se a inversão do fluxo. O Norte conta hoje com uma população de pouco menos de um bilhão de pessoas, enquanto o Sul, quase cinco vezes esta cifra. Além disso, mais de 90% dos nascimentos ocorrem no Terceiro Mundo. Nos quadros de uma globalização conduzida sob os parâmetros do neoliberalismo e da RCT, tal situação gera uma *população excedente absoluta* e uma manifestação de inquietude no Norte, devido à invasão dos "bárbaros".

As mudanças atualmente em curso produzem um choque semelhante ao gerado pelo desencadeamento da Revolução Industrial nos séculos XVIII e XIX, em que o capitalismo levou mais de um século para mostrar-se um sistema "civilizado" de bem-estar, a partir da Segunda Guerra Mundial. Contudo é preciso considerar que, ao longo do período 1830-1945, milhões de europeus tiveram que emigrar ou foram dizimados por guerras devastadoras, e que, se esta população tivesse permanecido ou sobrevivido, representaria hoje meio bilhão a mais na população européia. O problema, contudo, é que hoje não existem mais "espaços vazios" para serem ocupados, e o Norte rechaça os imigrantes. O resultado tem sido um *malthusianismo genocida,* devido à regressão sanitária e alimentar, impulsionada pelos planos de ajuste do FMI e do Banco Mundial.

Considerando que, no Norte, o processo de acumulação e distribuição é regido por fatores internos, e que, no Sul, submetido aos planos de ajuste, decorre de fatores externos (sobre os quais não pode influir significativamente), o desenvolvimento da periferia tende a ser bloqueado, agravando os problemas acima expostos. Nesse cenário, o capitalismo revela-se incapaz de estabelecer uma resposta globalmente integradora e estável, e o neoliberalismo agrava ainda mais a situação, tornando-se uma espécie de suicídio para o próprio sistema.

Como foi dito antes, o núcleo desenvolvido do sistema internacional apresenta atualmente evidentes sinais de declínio. Retira-se de áreas desinteressantes da periferia, conservando apenas "ilhas" úteis, geralmente megalópoles globalizadas do Sul, responsáveis pela drenagem dos recursos locais. Sua cultura revela traços de decadência e de incapacidade em face do

atavismo cultural do Sul (retorno a movimentos e idéias do passado). Como o Império Romano em seu estágio final, o Ocidente reflui sobre seu bastião original.

Quanto à grande revolução neoliberal, cada vez mais se assemelha ao período da Restauração conservadora de 1815 a 1848. Naquele período, parecia que o *Ancien Régime* havia triunfado sobre a Revolução Francesa, mas a Restauração estava apenas agudizando ainda mais as contradições existentes. Assim, hoje, a exclusão de grandes contingentes humanos não apenas está gerando instabilidade social, como criando impasses para a economia. A RCT, longe de realizar-se como modernidade, está produzindo uma situação de conflito, sobretudo com sua tendência de aceleração progressiva das transformações em curso, as quais têm colocado em xeque as estruturas sociais existentes.

Como decorrência dessa situação, em meados dos anos 1990, a situação política começou a dar sinais de alteração. Nos ex-países socialistas, as forças de esquerda reformadas começavam a reafirmar-se e, às vezes, a voltar ao poder com o apoio de uma população decepcionada pelos custos sociais do ajuste econômico. Recuperando-se aos poucos de sua perplexidade, e com o apoio de bases insatisfeitas com lideranças que buscavam acomodar-se com a mídia, a esquerda ocidental encontra-se em condições de igualmente rearticular-se. O problema é que ela ainda está fragmentada por lutas setoriais em defesa de certas minorias, concentrando-se em administrações locais recém-conquistadas e abraçando causas ideologicamente ambíguas, como determinadas versões do ecologismo.

Enquanto isso, no 1º de maio de 1997, depois de muitos anos de refluxo, as manifestações de massa em defesa do emprego expressaram-se pelo mundo inteiro. O advento dos megaprotestos que acompanham as reuniões da OMC, FMI e Banco Mundial deu origem a um novo movimento de esquerda, que se aglutinou no Fórum Social Mundial de Porto Alegre, desde janeiro de 2001. Trata-se de uma nova forma de protagonismo da esquerda no plano mundial. Em vários países do mundo, igualmente, a esquerda voltou ao poder, enquanto as questões sociais aos poucos passam a recuperar espaço na agenda política.

Trata-se de uma questão relevante, porque o socialismo se conserva como referencial político, ainda que temporariamente debilitado. Não se está falando apenas das desigualdades sociais, cada vez mais graves, que precisam ser combatidas, mas da própria questão da transição em sentido mais amplo. Os socialismos que existiram no século XX foram tão-somente a primeira geração deste regime, que, seguramente, encontrará novos caminhos no século que se inicia. O próprio capitalismo, desde o século XV, sofreu muitas derrotas, deformou-se em combinações com o feudalismo e o absolutismo, quase desapareceu em certas fases, antes de implantar-se de forma irreversível e madura na Inglaterra, e espalhar-se triunfalmente desta para todo o mundo. A persistência da propaganda antisocialista, mais de 15 anos depois da queda do muro de Berlim, é um indício disso. Aliás, o próprio marxismo ressurge no campo científico, de forma mais elaborada, depois de anos de vigência de um repetitivo discurso liberal (o "pensamento único") e da fragmentação pós-moderna do conhecimento.

Contudo o protesto social, às vezes manifestado como revolta, ainda não encontrou partidos e lideranças capazes de torná-lo uma força política apta a passar à ofensiva contra um neoliberalismo que começa a perder a vitalidade. Mesmo onde ocorreram fenômenos positivos como a vitória da esquerda socialdemocrata, a exemplo da França, Itália, Inglaterra e Alemanha, a situação não é diferente. Também é preciso considerar que tem crescido politicamente a influência das máfias, de atores sociopolíticos obscurantistas, de fenômenos religiosos retrógrados, e que existe uma ampla audiência para movimentos irracionalistas de direita (e mesmo de esquerda).

Muitas vezes, é inevitável uma comparação com o final da Idade Média européia. Trata-se da Nova Idade Média, a que se refere o conceituado analista financeiro Alain Minc:

> de repente, tudo se inverte: espaços imensos voltam ao estado de natureza; as máfias não parecem mais um arcaísmo em vias de extinção, e sim, uma forma social em plena expansão; uma parte das cidades escapa à autoridade do Estado e mergulha numa inquietante extraterritorialidade; milhões de cidadãos, no coração das cidades mais ricas e mais sofisticadas, cambaleiam na sombra e na exclusão: novos bandos armados, novos saqueadores, novas *terrae incognitae*.

Além da vontade difusa de amplos setores populares de lutar contra os custos sociais do neoliberalismo, existem hoje, entretanto, outros fatores positivos que precisam ser levados em conta pelos movimentos sociais, que só lenta e limitadamente começam a tomar conhecimento deles. A globalização e a formação de blocos regionais, ao lado dos fatores negativos já referidos, geraram fenômenos que podem servir de base para uma nova estratégia popular.

As elites nacionais se encontram fortemente deslocadas diante do processo de globalização, deixando um amplo espaço para a retomada da *questão nacional* pelos movimentos progressistas, num campo em que as possibilidades de se estabelecerem novas alianças são riquíssimas. Além disso, as velhas estruturas de poder encontram-se significativamente abaladas, razão pela qual os grupos dominantes têm buscado fomentar a unidade social em torno de valores propagados pela mídia, bem como a reeleger presidentes "confiáveis".

Concretamente, as forças opostas ao neoliberalismo precisam lutar *ofensivamente* para que a Revolução Científico-Tecnológica, que impulsiona a globalização, seja *socialmente condicionada*. A RCT e a economia globalizada, pelo nível alcançado em termos de produtividade do trabalho, criaram condições históricas para que todas as necessidades materiais da humanidade possam ser equacionadas. E isto poderá ser obtido por meio de uma *ação política*, uma vez que a idéia de que existe uma lógica econômica que, *a priori*, implicaria uma marginalização dos trabalhadores é falsa, porque o neoliberalismo constitui, essencialmente, apenas uma forma conservadora de regulação do gigantesco processo de modernização hoje em curso.

Ou seja, esta modernização pode tanto servir para consolidar a posição dominante dos atuais detentores nacionais e sociais do poder nos quadros de uma Nova Ordem Mundial (caso o neoliberalismo se mantenha) como permitir que até a idéia de uma sociedade organizada em torno de valores coletivos e igualitários seja retomada, agora de uma forma mais viável do que a ocorrida na maior parte do século XX.

Hoje a luta pela criação de empregos através da redução da jornada de trabalho, a manutenção dos direitos sociais existentes e a criação de novos constituem uma necessidade objetiva para que a RCT e a globalização se realizem como modernidade. Isso porque o neoliberalismo consiste numa opção equivocada mesmo pela ótica do capitalismo, além de historicamente suicida, e pode conduzir a humanidade pelo caminho da violência incontrolável e da estagnação ou regressão histórica, como advertiu Alain Minc.

Os recursos gastos com a geração de empregos, a criação de direitos sociais e a redução da jornada de trabalho certamente diminuiriam o montante destinado aos investimentos econômicos. Isso produziria, em compensação, uma dupla vantagem: criaria mercados domésticos estáveis, garantindo a demanda das empresas e limitando a concorrência internacional desenfreada, e reduziria um pouco o ritmo de modernização tecnológica, permitindo que a sociedade obtivesse o tempo necessário para criar estruturas compatíveis e adaptar-se.

Assim, a realidade mundial atingiu tal dinamismo sob a globalização que se produziram novos e imensos desafios e possibilidades de transformação social. Não foi só a produção que se transnacionalizou, mas também os antagonismos sociais e conflitos políticos. Passamos da guerra de posições para a de movimento. Se a esquerda ainda não aproveitou esta situação, isto se deve mais à falta de um projeto estratégico do que à força de seus adversários. E, enquanto ela não ocupa plenamente o espaço que lhe caberia, muitos setores que poderiam integrar-se à sua base social se voltam para reações atávicas, fundamentalismos religiosos, regionalismos separatistas, conflitos étnicos, líderes populistas ou individualismos alienantes.

É preciso, no entanto, levar em conta que tal processo está se desenvolvendo no âmbito de uma realidade em rápida mutação, em que é preciso identificar o impacto de tendências como a megaurbanização e o futuro do Estado-Nação. De qualquer maneira, alguns imperativos são claros: o individualismo e a sociedade de consumo (maior inimiga do meio ambiente) deverão ceder lugar a uma sociedade norteada por valores sociais coletivos, como a Ásia vem demonstrando. Por esse caminho, os benefícios da ciência e da civilização poderão ser estendidos ao conjunto da humanidade. A alternativa a esses imperativos seriam a estagnação ou a regressão, em meio à violência indiscriminada, tal como já ocorreu em outras fases da história.

Em 11 de setembro de 2001, mesmo os que se recusavam a pensar essas questões se viram na contingência de fazê-lo. Ou afirma-se um projeto progressista e racionalista socialmente integrador para o futuro, superando a crise atual, ou os fundamentalismos darão sua resposta ao problema. A curto prazo é necessário defender a paz e o respeito pelas organizações internacionais, pois podemos estar mergulhando numa espécie de guerra civil intermitente e internacionalizada, ou mesmo caminhando para uma grande guerra convencional, na medida em que países ameaçados pela política americana podem vir a constituir uma aliança na Eurásia, em defesa dos seus interesses.

18. O Brasil ainda é brasileiro?

Desde o início dos anos 1990, a diplomacia brasileira teve que abandonar a retórica terceiro-mundista de solidariedade entre países em desenvolvimento, concentrando-se no questionamento pontual de regras internacionais que considera injustas e obstaculizadoras do desenvolvimento dos países periféricos. Um grande número de questões relativas à matriz anterior de política externa foi retirado da agenda internacional, enquanto novas eram incluídas, como a questão dos direitos humanos, meio ambiente, programa nuclear, normas de propriedade intelectual e o fim da reserva de mercado para a indústria nacional de informática.

A adoção de diferentes regimes internacionais, a busca da manutenção de relações satisfatórias com os Estados Unidos e a abertura do mercado interno brasileiro, bem como a recente implementação do Plano de Estabilização Monetária (Plano Real, de julho de 1994), procuraram estabelecer a confiança junto aos investidores internacionais e adaptar o país às novas realidades. Apesar dessas medidas, que sinalizam em direção a uma aceitação das regras internacionais, o Brasil não abandonou suas parcerias diversificadas nem suas características de *global trader*.

Como foi possível conciliar essas duas dimensões? Como as condições de inserção internacional se tornaram ainda mais adversas nos anos 1980, a diplomacia brasileira não conseguiu mais manter suas relações com importantes regiões do mundo na mesma intensidade com que vinha fazendo. O protecionismo crescente e as novas realidades internacionais tornaram as relações com a Comunidade Européia e com o Japão mais difíceis, enquanto a crise do campo soviético e do Terceiro Mundo inviabilizou, ao menos temporariamente, a manutenção de vínculos privilegiados com estas regiões. Da mesma forma, a ordem regional estabelecida no Oriente Médio após a Segunda Guerra do Golfo encerrou as possibilidades de relações estratégicas com esta área.

Assim, quanto mais se deterioravam as condições internacionais, mais a política externa brasileira tratou de criar uma nova realidade regional. Através da integração com os países vizinhos, além de benefícios econômicos mais imediatos, a base regional seria reforçada, como forma de incrementar a participação do Brasil e de seus parceiros platinos no plano mundial. Nesse sentido, o Mercosul não constituía um fim em si mesmo, nem o aspecto comercial constituía o objetivo essencial, apesar do discurso oficial, mas fazia parte de um projeto mais abrangente. Quando os EUA anunciaram a criação do Nafta, o Brasil reagiu, lançando, em 1993, a iniciativa da ALCSA (Área de Livre Comércio Sul-Americana) e estabelecendo com os países sul-americanos e africanos a Zona de Paz e Cooperação do Atlântico Sul (Zopacas), numa estratégia de círculos concêntricos a partir do Mercosul.

A primeira estimulava as demais nações sul-americanas a associar-se ao Mercosul através da negociação de acordos de livre comércio. Nesse contexto, a Venezuela, a Bolívia e o Chile já negociavam formas de cooperação com o Mercosul em 1995 e 1996. A criação de uma área de integração sul-americana, tendo o Mercosul como núcleo duro, ampliava a margem de manobra e a capacidade de resistência diante do poder de atração que o Nafta exerce sobre os países latino-americanos individualmente, como no caso do Chile, por exemplo.

Além disso, a possibilidade de uma integração regional ampliada cria alternativas para que os países do subcontinente não fiquem tão expostos às pressões externas para adotar planos liberais ortodoxos de ajuste, que seriam necessários para manter relações privilegiadas com os países desenvolvidos ou estar em condições de participar do próprio Nafta, o que se converteu em autêntico "canto de sereia" para certas nações latino-americanas.

No segundo caso, a idéia era criar outro círculo concêntrico em volta do Atlântico Sul, através da cooperação do Mercosul com a África do Sul pós-*Apartheid* e com os países recentemente pacificados da África Austral. Este novo espaço constituiria uma área de crescimento econômico, tirando proveito das complementaridades existentes e potenciais. Além disso, essa iniciativa amplia o quadro de cooperação Sul-Sul, além de abrir uma rota permanente através dos oceanos Índico e Pacífico, propiciando, ainda, alianças estratégicas com potências médias e/ou mercados emergentes do Terceiro Mundo. Este último aspecto parece ser particularmente importante para a diplomacia brasileira.

A gestão Itamar Franco representou um hiato em uma fase de convergência com a agenda da globalização e o neoliberalismo. O governo seguinte, com os dois mandatos de Fernando Henrique Cardoso, voltou a enfatizar este aspecto e a abandonar a idéia de projeto nacional. O pouco que restou foi uma *política de Estado* que contrariava sua *política de governo*. A primeira enfatizava a integração regional (Mercosul), enquanto a segunda enfatizava a abertura, a globalização e as relações com o Primeiro Mundo. Apenas o

advento da crise do real e, em conseqüência, do Mercosul levou o governo a promover um recuo e a sinalizar a intenção de avançar em direção à integração sul-americana, com as cúpulas presidenciais de 2000 e 2002. Convocadas pelo Brasil, elas lançaram a Iniciativa de Integração da Infra-Estrutura Física Sul-Americana. A eleição de Lula aprofundou a inflexão sul-americana da política externa brasileira e a busca de maior autonomia e protagonismo internacional.

Assim, o atual curso da política externa brasileira teve início já em meados do segundo governo Fernando Henrique Cardoso. Mas o ex-presidente não tinha os requisitos para uma mudança que ultrapassasse um tímido discurso crítico, o que coube ao atual mandatário. Em primeiro lugar, o governo Lula devolveu ao Itamaraty a posição estratégica que anteriormente ocupara na formulação e execução da política exterior do Brasil, pois FHC dominara a parte política ("diplomacia presidencial"), o ministro Malan, a agenda econômica internacional, restando ao Ministério das Relações

Exteriores apenas a parte técnico-burocrática das negociações e receber as críticas.

Evidentemente, Lula desenvolve uma intensa agenda internacional, mas como porta-voz de um projeto que transcende objetivos de projeção pessoal e adesão subordinada à globalização. Aliás, esta é a grande diferença: o *desalinhamento da política externa* em relação ao "consenso" liberal norte-atlântico como forma de *recuperar a capacidade de negociação*. Ao aceitar previamente os postulados e agendas dos países desenvolvidos, não havia muito o que negociar, apenas adaptar-se (desde os anos 1970 FHC criticava o desenvolvimentismo em suas conferências nos EUA). Visto pela perspectiva do G-7, por que conceder alguma coisa a quem já aceitou seu projeto? Ironicamente, hoje o Brasil tem melhor diálogo com Washington e uma diplomacia mais respeitada, com capacidade de negociação.

Outro ponto importante é que o Brasil age com otimismo e vontade política, criando constantemente fatos políticos na área internacional. Anteriormente tínhamos uma baixa auto-estima, pois os governos Collor e Cardoso viam o país como atrasados em relação aos ajustes demandados pelos países ricos. Agora, ao contrário, o país se considera protagonista de mesmo nível, com capacidade de negociação e portador de um projeto que pode, inclusive, contribuir para inserir a agenda social na globalização. Isso capacita o país para iniciativas como o ingresso num Conselho de Segurança da ONU reformado, como membro permanente.

Finalmente, o Itamaraty, em lugar de concentrar-se na tentativa de cooperação com países em relação aos quais somos secundários e em relação a mercados grandes, mas saturados, buscou os espaços não ocupados. Ao nos aproximarmos dos vizinhos sul-americanos, especialmente os andinos, da África Austral, países árabes e de gigantes como a Índia, China e

Rússia, nossa diplomacia logrou um avanço imediato e impressionante, com grandes perspectivas comerciais. A presença de empresários e de convidados argentinos na delegação presidencial é uma marca importante na sensibilidade da nova diplomacia.

Além disso, a cooperação com esses países permitiu a construção de alianças de geometria variável, como o G-3 e o G-20, com influência marcante no plano global. Em lugar de uma diplomacia de forte conteúdo ideológico, o Brasil desenvolveu uma postura ativa e pragmática, buscando aliados para cada problema, contestando sem desafiar os grandes (como nas negociações comerciais e o desrespeito anglo-americano em relação à ONU), respeitando sem respaldar a posição de países problemáticos como Venezuela, Cuba, Líbia e Síria, por exemplo.

Enfim, o Brasil desenvolveu uma diplomacia própria, adequada à era da globalização, com um projeto de desenvolvimento para o país. O problema é que ela desperta imensas expectativas, e só poderá dar resultados se houver desenvolvimento econômico e a geração de empregos (que nem sempre estão juntos). Ajustes internos e esquemas externos foram realizados para tanto, mas variáveis internacionais são importantes. Dependemos ainda de um mundo muito instável para que este projeto dê resultados positivos. Sem crescimento não conseguiremos consolidar os avanços políticos logrados na área sul-americana, base de nossa inserção internacional.

Mas é preciso reconhecer que em vinte anos ocorreram mudanças políticas significativas no país. Uma parte importante da sociedade "globalizou-se" (no mau sentido da palavra, isto é, alienou-se) e perdeu a dimensão nacional. Quando o governo simplesmente manifesta certos pontos de vista, como em relação ao direito de dominar o ciclo nuclear (com fins pacíficos) ou adota medidas de soberania, como em relação ao problema da reciprocidade no fichamento de norte-americanos, vozes brasileiras se levantam contra. Isso revela um agudo problema de identidade ou a persistência de um sentimento de inferioridade. A política econômica, por exemplo, demonstra como a visão de mundo do Consenso de Washington contaminou parte da elite e dos especialistas.

A grande batalha, contudo, é a integração sul-americana, objetivo prioritário do governo. Recuperar o Mercosul e associá-lo à Comunidade Andina são o objetivo estratégico, base da inserção internacional do país, e a alternativa viável à integração hemisférica projetada pela Alca. Da mesma forma, a cooperação nos campos diplomático, científico, militar e econômico com os grandes países em desenvolvimento — como Rússia, China, Índia e África do Sul — é uma condição indispensável para o país tornar-se um dos pólos de poder num sistema mundial multipolar e membro permanente do CS da ONU. Pensar grande e agir, dentro de um projeto nacional soberano, são igualmente elementos necessários para o país atingir o desenvolvimento econômico e social.

[PALAVRAS FINAIS]

O descompasso entre as nações existe como um fenômeno intrínseco da economia mundial, que se formou a partir do século XV, estruturando um centro e uma periferia. Contudo, o atual ciclo de globalização tem intensificado o fenômeno, que se baseia no *desenvolvimento desigual e combinado* do capitalismo. O ponto de partida deste processo foi a crise dos anos 1970, a qual foi respondida com a reestruturação da economia mundial e do próprio paradigma produtivo. Assim, o neoliberalismo buscou uma sorte de refundação das condições capitalistas ideais, a globalização generalizou o fenômeno em escala planetária e a pós-modernidade desarticulou as possíveis reações no plano político-social e ideológico-científico. A implosão do campo soviético foi uma das conseqüências mais espetaculares desse gigantesco rearranjo.

O desaparecimento do "antimodelo" do século XX, o soviético, produziu o fim da Guerra Fria e levou o presidente Bush (pai) a anunciar o advento de uma Nova Ordem Mundial de "paz, democracia e prosperidade", sob a influência da noção de *fim da história*. Contudo tal conceito escondia a perplexidade e a falta de um projeto consistente por parte da superpotência remanescente, que também se debatia em dificuldades. Da mesma forma, o período que se iniciava era de luta por hegemonia e um novo paradigma, e não uma ordem estável. A reimplantação do capitalismo no antigo bloco soviético, por sua vez, foi um processo traumático, envolvendo um grande retrocesso social, político e econômico, bem como conflitos sangrentos, como na Iugoslávia. Da mesma forma, a integração da América Latina à Nova Ordem implicou sacrifícios e esperanças frustradas. Mas, nas áreas que deixaram de ser interessantes para a globalização, o quadro foi mais de exclusão que de exploração, tendo como conseqüência guerras violentas, como na África e Oriente Médio.

Todavia a construção de uma nova hegemonia americana, nos marcos da globalização, revelou-se um processo cheio de contradições entre fins e meios, entre objetivos de curto e longo prazo. Nesse contexto, o protetorado europeu passou a

buscar gradativamente sua autonomia, pois, afinal, o principal resultado da globalização foi a construção de blocos regionais e a emergência de interesses diferenciados. Do outro lado da Ásia, a China passou a liderar o desenvolvimento da região (e do mundo) e aprofundou um modelo heterodoxo, ambos percebidos como uma "ameaça" ao Ocidente, que com eles se relaciona de forma conflitiva e, ao mesmo tempo, simbiótica. Já a América Latina se vê diante de três possibilidades, todas ainda possíveis: a integração regional, a desintegração ou a absorção hemisférica. Finalmente, os grandes países da periferia, como Rússia, Índia e África do Sul, iniciam um movimento de reafirmação e ação convergente com vistas a estruturar um sistema mundial multipolar.

Mas, na passagem do século, a crise da globalização neoliberal muda o enfoque dominante do *fim da história* para o do *choque de civilizações*. A ascensão de Bush (filho) e dos "falcões" tenta reafirmar uma liderança americana, que, contudo, não consegue responder às grandes transformações internacionais. Apoiados na agenda da guerra ao terrorismo, os EUA se envolvem em contradições ainda maiores e guerras no fim do mundo, sem resultados convincentes. Tudo para evitar o surgimento de um mundo multipolar que se esboça gradativamente, e que deixaria a América numa posição mais modesta. Mas, para este novo mundo nascer, é preciso afirmar um novo paradigma societário, integrando as agendas social, ambiental e democrática na globalização. E o Brasil é um país qualificado para participar ativamente desse movimento histórico de transição, podendo vir a ser um grande protagonista, desde que supere alguns pontos de estrangulamento.

Isso tudo porque a (des)ordem mundial não representa nem uma ordem viável nem um caos sem sentido, mas uma época de crise e transição, em que a afirmação de outros projetos se faz possível. Para isso, primeiro é necessário compreender corretamente os processos hoje em curso, para então se elaborar um plano de ação, mobilizando-se forças para executá-lo. Assim, evitar tanto o ufanismo determinista como a vitimização derrotista seria uma atitude psicologicamente importante. O momento atual encerra um ciclo de quinhentos anos e abre novas perspectivas aos países do Sul.

BIBLIOGRAFIA

AMIN, Samir. *Los desafios de la mundialización*. México: Siglo XXI, 1997.

Amin, Samir e González Casanova, Pablo (dirs.). *La nueva organización capitalista mundial vista desde el Sur*. Barcelona: Anthropos, 1996 (2 volumes).

Arrighi, Giovanni. *O longo século XX*. São Paulo: Unesp, 1996.

Argumedo, Alcira. *Los silencios y las voces en América Latina: notas sobre el pensamiento nacional y popular*. Buenos Aires: Ediciones del Pensamiento Nacional, 1993.

BRAGA, Ruy. *A restauração do capital: um estudo sobre a crise contemporânea*. São Paulo: Xamã, 1996.

Brzezinski, Zbigniew. *El gran tablero mundial. La supremacía estadunidense y sus imperativos geoestratégicos*. Barcelona: Paidós, 1998.

——. *Out of control: global turmoil on the eve of the twenty-first century*. Nova York: Collier Books, 1993.

CALGANO, Alfredo Eric, e Calgano, Alfredo Fernando. *El universo neoliberal. Recuento de sus lugares comunes*. Madri/ Buenos Aires: Alianza, 1995.

Carrion, Raul, e Vizentini, Paulo Fagundes (orgs.). *Globalização, neoliberalismo e privatizações*. Porto Alegre: Editora da UFRGS/Prefeitura Municipal de Porto Alegre/CEDESP/RS, 1998 (2ª ed.).

Ceceña, Ana Esther e Sader, Emir (org.) *A guerra infinita. Hegemonia e terror mundial*. Petrópolis: Vozes, 2002.

Chomsky, Noam. *Novas e velhas ordens mundiais*. São Paulo: Scritta, 1996.

Cohen, Samy. *La résistence des États*. Paris: Seuil, 2004.

Costa, Darc. *Estratégia nacional — A cooperação sul-americana como caminho para a inserção internacional do Brasil*. Porto Alegre: L&PM, 2004.

DEMKO, George, & Wood, William (orgs.). Reordering the World: Geopolitical Perspectives on the Twenty-First century. Boulder: Westview Press, 1998.

FERNANDES, Luís. *URSS: ascensão e queda. A economia política das relações da União Soviética com o mundo capitalista*. São Paulo: Anita Garibaldi, 1991.

Fossaert, Robert. *El mundo del siglo XXI. Una teoría de los sistemas mundiales*. México: Siglo XXI, 1994.

Fonseca Jr., Gélson, e Castro, Sérgio Henrique Nabuco de (org.). *Temas de Política Externa Brasileira II*. São Paulo: Paz e Terra, 1994 (2 volumes).

GILLS, Barry, e Qadir, Shahid (orgs.). *Regimes in crisis. The post-soviet era and the implications for development*. Londres/New Jersey: Zed Books, 1995.

Guimarães, Samuel Pinheiro. *Quinhentos anos de periferia: uma contribuição ao estudo da política internacional*. Porto Alegre/Rio de Janeiro: Editora da UFRGS/Contraponto, 1999.

HALLIDAY, Fred. *Repensando as relações internacionais*. Porto Alegre: Editora da UFRGS/FAPA, 1999.

——. *The world at 2000: perils and promises*. Nova York: Palgrave Macmillan, 2001.

——. *Two hours that shook the world: september 11, 2001: causes and consequences*. Londres: Saqi Books, 2002.

Harvey, David. *Condição pós-moderna*. São Paulo: Loyola, 1992.

Huntington, Samuel. *O choque de civilizações e a recomposição da ordem mundial*. Rio de Janeiro: Objetiva, 1996.

——. *A terceira onda: a democratização no final do século XX*. São Paulo: Ática, 1994.

KALDOR, Mary. *New and old wars: organized violence in a global era*. Cambridge: Polity Press, 1998.

Kennedy, Paul. *Preparando para o século XXI*. Rio de Janeiro: Campus, 1993.

LAÏDI, Zaki (org). *Pensar o mundo después de la Guerra Fria*. México: Cruz/Presses de la Fondation Nationale des Sciences Politiques, 1993.

Lévesque, Jacques. *1989, la fin d'un empire. L'URSS et la libération de l'Europe de l'Est*. Paris: Presses de Sciences Po, 1995.

MINC, ALAIN. *A nova Idade Média*. São Paulo: Ática, 1994.

Muñoz V. Heraldo (comp.). *El fin del fantasma: las relaciones interamericanas después de la Guerra Fria*. Santiago: Hachette, 1992.

PECEQUILO, Cristina Soreanu. *A política externa dos Estados Unidos: mudança ou continuidade?* Porto Alegre: Editora da UFRGS, 2003.

RAMONET, Ignacio e Gresh, Alain (orgs.). *A desordem das nações.* Petrópolis: Vozes, 1996.

SANTOS, Milton, e outros (orgs.). *Fim de século e globalização.* São Paulo: Hucitec/Anpur, 1993.

Segrillo, Ângelo. *O fim da URSS e a nova Rússia: de Gorbachev ao pós-Yeltsin.* Petrópolis: Vozes, 2000.

Shulzinger, Robert. *American diplomacy in the twentieth century.* Nova York/Oxford: Oxford University Press, 1996.

Sklair, Leslie. *Sociologia do sistema global.* Petrópolis: Vozes, 1995.

Steel, Ronald. *Temptations of a superpower.* Cambridge: Harvard University Press, 1996.

TAVARES, Maria da Conceição, e Fiori, José Luís. *(Des)ajuste global e modernização conservadora.* São Paulo: Paz e Terra, 1993.

Todd, Emmanuel. *Depois do império — A decomposição do sistema americano.* Rio de Janeiro: Record, 2003.

Tomassini, Luciano. *La política internacional en un mundo postmoderno.* Buenos Aires: Grupo Editor Latinoamericano, 1991.

VALLADÃO, Alfredo. *O século XXI será americano.* Petrópolis: Vozes, 1995.

Vizentini, Paulo Fagundes. *Dez anos que abalaram o século XX: da crise do socialismo à guerra ao terrorismo (política internacional de 1989 a 2002).* Porto Alegre: Leitura XXI, 2002.

——. *Relações Internacionais do Brasil, de Vargas a Lula (1951-2002).* São Paulo: Fundação Perseu Abramo, 2003.

Vizentini, Paulo Fagundes, e Carrion, Raul (orgs.). *Século XXI, barbárie ou solidariedade? Alternativas ao neoliberalismo.* Porto Alegre: Editora da UFRGS, 1998.

WALLERSTEIN, Immanuel. *O declínio do poder americano.* Rio de Janeiro: Contraponto, 2004.

ZORGBIBE, Charles. *O pós-guerra fria no mundo.* Campinas: Papirus, 1996.

[PAULO FAGUNDES VIZENTINI]

Professor titular da Universidade Federal do Rio Grande do Sul, pesquisador do CNPq e coordenador do Núcleo de Estratégia e Relações Internacionais do Instituto Latino-Americano de Estudos Avançados da UFRGS (www.ilea.ufrgs.br/nerint). Doutor pela USP e com pós-doutorado em Relações Internacionais pela London School of Economics. Foi professor visitante no Nupri/USP e Universidade de Leiden/ Holanda. É autor de vários livros e artigos. *Site*: www.terra.com.br/vizentini.

Este livro foi composto na tipologia ClassGaramond BT
em corpo 9,5/14 e impresso em papel Offset 90 g/m²
no Sistema Cameron da Divisão Gráfica
da Distribuidora Record.